Sextus Julius Frontin

Les quatre livres des
stratagèmes

essai

ISBN : 978-1530721160

10 9 8 7 6 5 4 3 2 1

Sextus Julius Frontin

Les quatre livres des stratagèmes

essai

Table de Matières

NOTICE SUR FRONTIN ET SUR SES ÉCRITS

Frontin [*Sextus Julius Frontinus*] était préteur à Rome (*prætor urbanus*) l'an 70 de l'ère chrétienne, sous le règne de Vespasien, 823 ans après la fondation de la ville. Telle est, dans l'ordre chronologique, la première donnée qui s'offre à nos recherches sur la vie de l'auteur dont nous publions la traduction, et nous en sommes redevables à Tacite. Toute la vie antérieure de Frontin reste ignorée, même la date et le lieu de sa naissance. Sur la foi du titre manuscrit d'un ouvrage qui lui a été attribué, des critiques ont été tentés de croire qu'il était né en Sicile ; mais de pareils documents, qui n'ont pas la moindre valeur historique, ne sauraient fixer un instant l'attention. Un point qui a encore exercé les critiques, est celui de savoir si Frontin, en vertu de son nom de *Julius,* appartenait à cette grande famille *Jvlia,* qui faisait remonter son origine jusqu'à Iule, petit-fils d'Énée ; ou si, ne pouvant le rattacher à cette illustre race, on serait du moins fondé à le comprendre dans les familles anoblies par les empereurs. Le savant Poleni surtout, qui a commenté avec tant de soin le *de Aquæductibus* de Frontin, paraît tenir beaucoup à ce que son auteur ait été patricien. *Verum nil tanti est,* dirons-nous avec Horace : nous nous contenterons d'avancer, sur de valides témoignages, qu'il a été un des hommes les plus distingués de son temps ; et nous le reprendrons où nous l'avons d'abord trouvé, c'est-à-dire au moment de sa préture.

On ignore depuis combien de temps il exerçait cette magistrature, lorsque, en l'absence des deux consuls T. Fl. Vespasien et Titus César, il convoqua le sénat aux calendes de janvier de l'an de Rome 823. Il abdiqua peu de temps après, mais à une époque qu'on ne saurait préciser, et Domitien lui succéda : « Calendis januariis in senatu, quem Julius Frontinus, prætor urbanus, vocaverat, legatis exercitibusque ac regibus, laudes gratesque decretæ... Et mox, ejurante Frontino, Cæsar Domitianus præturam cepit[1]. » Nous n'avons rien de certain sur les causes de cette abdication. Les circonstances étaient difficiles les révoltes récentes des Gaulois et des Bataves n'étaient point apaisées ; le parti des Vitelliens remuait encore ; d'un autre côté, on craignait l'ambition du proconsul Pison, qui, gouvernant en Afrique, eût volontiers émancipé à son profit

1 Tacite, Hist. *Lib.* IV, c.39.

cette province, d'où le peuple romain tirait une grande partie de son approvisionnement. Frontin, sur qui pesait toute la responsabilité des affaires, puisque les consuls étaient loin de Rome, a-t-il reculé devant cette grave situation ? Ou bien a-t-il, dans le but de complaire à Vespasien, résigné ses fonctions en faveur de Domitien, second fils de l'empereur ? Ce dernier motif nous paraît le plus probable. Il est même permis de conjecturer que Domitien convoitait cette dignité : car, aussitôt que le poste fut vacant, *il s'en empara,* selon l'expression de Tacite ; et, au dire de Suétone[1] il se fit donner en même temps la puissance consulaire : « Honorem præturæ urbanæ cum potestate consulari suscepit. »

Tout porte à croire que quelques années après, vers 827, Frontin reçut le titre, sinon de consul ordinaire, du moins de consul remplaçant, ou subrogé *(suffectus).* Son nom, il est vrai, ne figure point dans les fastes ; mais on sait que de tous les consuls, dont le nombre dépendait souvent du caprice de l'empereur, les deux premiers seuls donnaient leur nom à l'année, et étaient inscrits sur ces monuments chronologiques. Élien le tacticien, contemporain de notre auteur, lui donne, dans la préface de son livre, le titre de *personnage consulaire.* D'ailleurs, il fut envoyé en Bretagne comme gouverneur. Or Petilius Cerialis, son prédécesseur immédiat dans ce gouvernement, et Julius Agricola, son successeur également immédiat, avaient tous deux été consuls avant d'être mis à la tête des armées romaines dans cette province[2] ; et leurs noms ne sont pas non plus dans les fastes. Il est donc naturel de penser que Frontin, avant de recevoir la même charge, avait été, lui aussi, promu à la dignité de consul. Selon le calcul des chronologistes, Cerialis serait allé en Bretagne en 824, et Frontin lui aurait succédé en 828. Voici comment Tacite s'exprime sur ces deux personnages : « Dès qu'avec le reste du monde la Bretagne eut reconnu Vespasien, de grands généraux, d'excellentes armées parurent, les espérances des ennemis diminuèrent, et aussitôt Petilius Cerialis les frappa de terreur en attaquant la cité des Brigantes, qui passe pour la plus populeuse de toute la Bretagne : il livra beaucoup de combats, et quelquefois de très sanglants ; la victoire ou la guerre enchaîna la plus grande partie de cette cité. Et lorsque Cerialis eût dû accabler

---

1 *Vie de Domitien*
2 Tacite, *Vie d'Agricola,* ch. VIII & IX

NOTICE SUR FRONTIN ET SUR SES ÉCRITS

par ses services et sa renommée son successeur, Julius Frontinus en soutint le fardeau : grand homme autant qu'on pouvait l'être alors, il subjugua, par les armes, la nation vaillante et belliqueuse des Silures, après avoir, outre la valeur des ennemis, triomphé des difficultés des lieux[1]. » Ce passage est assez explicite sur le mérite de notre auteur comme homme de guerre, pour nous dispenser de toute réflexion.

Remplacé en Bretagne par Agricola, vers 831, Frontin était sans doute de retour à Rome depuis cette époque, et, mettant à profit l'expérience qu'il avait acquise dans ses récentes expéditions, il écrivait sur l'art militaire, lorsque l'empire échut à Domitien, en 834. Sous ce règne parut le recueil des *Stratagèmes* : la preuve en est dans la complaisance avec laquelle il signale, en termes louangeurs, les excursions de ce prince sur les frontières des Germains, et ses prétendues victoires. Mais, avant de mettre au jour cet ouvrage, il en avait publié d'autres où étaient exposés les principes de l'art militaire : sa pensée, qui avait été de justifier ultérieurement chacune de ses théories par une série de faits analogues, est nettement exprimée par les premiers mots de sa préface. Dans le *Mémoire sur les Aqueducs*, il rappelle encore qu'il est auteur de plusieurs ouvrages : « In aliis autera libris, quos post expérimenta et usum composui, antecedentium res acta est. » Végèce et Élien nous fournissent des indications tout aussi précises. Le premier, après avoir parlé de l'art et de la discipline militaires, qui ont assuré aux Romains la conquête du monde, ajoute : « Necessitas compulit, evolutis auctoribus, ea me in hoc opusculo fidelissime dicere, quæ Cato ille Censorius de disciplina militari scripsit, quæ Cornélius Celsus, quæ Frontinus perstringenda duxerunt. » On ne saurait trouver un éloge plus complet en peu de mots, que dans cet autre passage du même écrivain : « Unius ætatis sunt, quae fortiter fiunt ; quæ vero pro utilitate reipublicæ scribuntur, æterna sunt. Idem fecerunt alii complures, sed præcipue Frontinus, divo Trajano ab ejusmodi comprobatus industria. » Élien, dans son épître dédicatoire à l'empereur Hadrien, rapporte « qu'il a passé quelques jours à Formies, auprès de Nerva, et que là il s'est entretenu avec Frontin, homme très versé dans la science des armes, s'appliquant également à la tactique des Grecs et à celle des Romains. » On lit encore

---

1 *Vie d'Agricola*, ch. XVII

quelques lignes plus bas : « L'art d'ordonner les troupes suivant les préceptes tracés par Homère, est le sujet des ouvrages de Stratoclès, d'Hermias, et de Frontin, personnage consulaire de notre temps. »

Pline le Jeune, en rendant compte d'un procès important, dit que Frontin était savant jurisconsulte, et qu'il lui demanda des avis : « Adhibui in consilium duos, quos tunc civitas nostra spectatissimos habuit, Cornelium et Frontinum. »

Tant que régna Domitien, alors qu'un homme distingué ne se mettait pas impunément en lumière, Frontin vécut dans la retraite, partageant son temps entre le séjour de Rome et celui d'une villa qu'il possédait à Anxur (*Terracine*), lieu charmant, si nous en croyons Martial, dont les vers suivants nous apprennent que notre auteur n'était point étranger au culte des muses :

> *Anxuris aequorei placidos, Frontine, recessus,*
> *Et propius Baias, litoreamque domum,*
> *Et quod inhumanæ Cancro fervente cicadæ*
> *Non novere nemus, flumineosque lacus ;*
> *Dum colui, doctas tecum celebrare vacabat*
> *Pieridas : nunc nos maxima Roma terit.*

(Lib. X, epigr. 58)

Grâce au même poète, nous savons que Frontin a été une seconde fois consul :

> *De Nomentana vinum sine fæce lagena,*
> *Quæ bis Frontino consule plena fuit.*

(*Ibid.*, epigr. 48)

Poleni conjecture que ce fut sous Nerva, en 850 ; il ne doute même pas que Frontin n'ait obtenu une troisième fois cette dignité, sous Trajan, et alors comme consul ordinaire, l'an 853. Il fonde son opinion sur une dissertation du philologue et médecin Morgagni, son collègue dans le professorat, à Padoue, qui s'est livré aux plus laborieuses recherches pour prouver que dans les fastes consulaires, au lieu de *M. Cornelius Fronto*, placé après Ulp. Trajanus Augustus. on devrait lire *Sex. J. Frontinus.* Tillemont, qui a lu et pesé les raisons et arguments contradictoires du cardinal Noris et du P. Pagi sur ce sujet, a laissé la question indécise. Nous ferons comme lui ; car nous avons hâte d'arriver aux derniers documents biographiques.

Nommé intendant des eaux (*curator aquarum*) par Nerva, Frontin s'acquitta consciencieusement de sa charge, et améliora cette partie du service public par la répression des abus et des fraudes. Ce fut alors, sans doute, qu'il rédigea le *Mémoire sur les Aqueducs*. On ignore s'il conserva longtemps ces fonctions sous Trajan, et s'il les réunit à celles d'augure, dans lesquelles il fut remplacé par Pline le Jeune, qui rend ainsi hommage au mérite de son prédécesseur : « Gratularis mihi, quod acceperim auguratum ; mihi vero illud gratulatione dignum videtur, quod successi Julio Frontino, principi viro : qui me nominationis die per hos continuos annos inter sacerdotes nominabat, tanquam in locum suum cooptaret. »

Les fonctions, ou tout au moins les prérogatives des augures étaient perpétuelles : « Hoc sacrum plane et insigne est, quod non adimitur viventi[1]. » Il est donc certain que l'époque de l'entrée de Pline dans ce collège sacerdotal, est celle de la mort de Frontin. On s'accorde à la fixer à l'année 859 de Rome, 106 ans après J.-C.

Il avait défendu qu'on lui élevât un tombeau : « La dépense d'un monument est superflue, dit-il ; la mémoire de mon nom durera, si ma vie en a été digne. » Nous devons encore cette particularité à Pline le Jeune[2], qui, en la rapportant, loue, mais avec restriction, la modestie qu'elle fait paraître.

Poleni a trouvé dans les Mélanges d'antiquités de Jacob Spon une petite médaille présentant une tête d'homme à longue barbe, et à l'exergue de laquelle on lit ΦΡΟΝΤΕΙΝΟΣ ΑΝΘΥ (c'est-à-dire ἀνθύπατος) et d'autres mots grecs qui sem-

bleraient indiquer que Frontin a été proconsul à Smyrne, sous les ordres d'un certain Myrtus. Mais ce n'est point là un document authentique : Poleni, Spon lui-même, n'osent rien en affirmer ; Facciolati fait observer que les Romains n'ont commencé à porter de la barbe que sous Hadrien ; enfin, bien que Gronovius ait foi en cette médaille, Oudendorp, qui la reproduit, comme ornement, au frontispice de son édition des *Stratagèmes*, pense que cette tête est

1 Plinius Jun., lib. IV, ep. 8.
2 Liv. IX, lett. 19.

celle de Jupiter, ou d'Hercule, mais non celle de Frontin ; et il déclare que telle est l'opinion des plus célèbres numismates.

Si l'on veut apprécier à leur valeur les ouvrages de Frontin, il faut se pénétrer de l'idée qu'il n'a nullement songé à se créer une réputation d'écrivain. Homme de guerre et d'administration, il a écrit dans l'unique but d'être utile à ceux qui suivraient la même carrière que lui. Être lu, être consulté avec profit au point de vue pratique des sciences qui ont occupé sa vie, c'est toute la gloire qu'il ambitionne : il le déclare lui-même. Ce qui le recommande surtout, c'est la netteté de ses idées, et l'ordre méthodique auquel il sait les plier toutes. Ainsi, pour commencer par ses *Stratagèmes*, l'antiquité ne nous a légué aucun monument plus logique dans son ensemble. Recueillir dans l'histoire un nombre aussi prodigieux de faits ; les réunir selon leurs analogies, et les séparer par leurs différences, abstraction faite des personnages, des temps et des lieux ; en un mot, se former un plan au milieu de ce dédale, et y rester fidèle jusqu'à entier épuisement des matériaux, voilà qui atteste une certaine puissance d'analyse, de la justesse et de la profondeur dans les conceptions. Quant au style, il a ses mérites et ses défauts. Quoique Frontin appartienne à l'époque de la décadence, l'expression, chez lui, porte presque toujours le cachet de la bonne latinité. Habituellement même sa phrase a du nombre et de l'harmonie ; mais elle se présente trop souvent sous la même forme : il y a de longues séries de faits dont les récits, composés chacun de quelques lignes, commencent et finissent par les mêmes constructions, et très souvent par des termes identiques, ce qui en rend la lecture fastidieuse. Un autre reproche qu'on peut lui faire, c'est qu'il affecte une brièveté qui va parfois jusqu'à la sécheresse. Mais, nous le répétons, il n'a point visé à la phrase ; et on lui doit cette justice, que la concision l'a rarement empêche d'être clair. Une fois qu'il s'est emparé d'un fait, il veut que deux mots suffisent pour que ses lecteurs en saisissent comme lui toute la portée, et qu'ils en fassent leur profit. Enfin, on trouve dans ce livre de nombreuses erreurs à l'endroit de l'histoire et de la géographie. Mais la plupart de ces fautes sont si grossières, qu'on ne peut raisonnablement les attribuer qu'à l'ignorance des copistes, gens qui n'ont épargné à notre auteur ni omissions, ni transpositions, ni interpolations. C'est ce que n'a pas observé Schoell[1], quand il a prétendu que l'ouvrage qui nous occupe était « une compilation faite avec assez de négligence, surtout dans la partie historique.»

À ce jugement d'un érudit, nous opposerons avec confiance celui d'un savant[2] : « Un contemporain des deux Pline, Jules Frontin composa quatre livres de stratagèmes militaires : c'est un tissu d'exemples fournis par les grands capitaines grecs, gaulois, carthaginois, romains et qui correspondent aux différentes branches de l'administration et de la direction des armées. L'art de cacher ses entreprises et de découvrir celles de l'ennemi, de choisir et de disputer les postes, de dresser des embûches et d'y échapper, d'apaiser les séditions et d'enflammer le courage, de se ménager les avantages du temps et du lieu, de ranger les troupes en bataille et de déconcerter les dispositions prises par son adversaire, de dissimuler ses propres revers et de les réparer ; l'habileté nécessaire dans les retraites, dans les assauts, dans les sièges, dans le passage des fleuves, dans les approvisionnements ; la conduite à tenir à l'égard des transfuges et des traîtres ; enfin le maintien de la discipline, et la pratique des plus rigoureuses vertus, justice, modération et constance, au sein des camps, des combats, des désastres et des triomphes : tel est le plan de ce recueil. On a douté aussi de son authenticité ; mais Poleni a exposé les raisons de croire que Jules Frontin l'a réellement rédigé sous le règne de Domitien. Dans tous les cas, il serait fort préférable à celui de Valère Maxime, et par la méthode, quoiqu'elle ne soit pas toujours parfaite, et par la précision des idées, et surtout par le choix des faits. C'est l'ouvrage d'un bien meilleur esprit : en général, Frontin puise aux sources historiques les plus recommandables ; et lorsqu'il ajoute quelques notions à celles que renferment les grands corps d'annales, elles sont claires, instructives, propres à compléter ou à enrichir l'histoire militaire de l'antiquité. »

Le recueil des *Stratagèmes*, malgré quelques récits invraisemblables et même absurdes qu'il renferme, et dont la plupart tiennent aux superstitions des anciens, restera comme une œuvre utile. Nous pourrions dire tout le parti qu'en ont tiré les écrivains militaires des temps modernes, Machiavel. Feuquières, Folard, Gessac,

---

1 *Hist. abr. de la litt. rom.,* L. II, p. 454
2 Daunou, *Cours d'études d'hist.*, t.1er, p. 431

Santa-Cruz, Jomini, etc. Le colonel Carion-Nisas, qui a fait une consciencieuse étude de l'art stratégique chez les anciens, dit[1] que Frontin est, comme écrivain, généralement homme de grand sens, quelquefois homme de génie ; et, ainsi que Daunou, il le place bien au-dessus de Polyen, qui ne soumet à aucun ordre méthodique les huit cent trente-trois faits qu'il rapporte, et n'offre à ses lecteurs aucun enseignement, pas une seule induction.

Pour donner une idée juste du traité des *Aqueducs* dans son ensemble, et du but que se proposait l'auteur, nous ne pouvons mieux faire que d'emprunter quelques lignes à un mémoire publié par M. Naudet sur la Police chez les Romains. Après avoir dit dans quelle circonstance le premier aqueduc fut établi à Rome, le savant académicien ajoute[2] : « Cette création fut un trait de lumière pour les Romains, qui eurent toujours, depuis, un soin particulier de l'aménagement des eaux. J. Frontinus nous épargnera toute recherche à ce sujet. Nerva[3] l'avait nommé intendant général des eaux de la ville ; le nouveau magistrat jugea qu'il était de son devoir de se mettre en état de conduire ses subalternes, au lieu de s'abandonner à leur conduite, et qu'ils deviendraient tous des instruments utiles, s'il était lui-même l'ordonnateur de fait, comme de nom. Pour cela, il voulut s'instruire à fond de la matière ; il l'étudia dans son état actuel, il remonta aux origines, il recueillit les lois et les usages, et de ce travail consciencieux et éclairé il résulta un petit traité plein de curieux documents, un des livres les plus précieux que l'antiquité nous ait laissés. Quels avantages dans la pratique, et quelles richesses pour l'histoire, si les magistrats avaient toujours pensé comme J. Frontinus ! »

Divers commentateurs, entre autres Scriverius, Tennulius et Keuchen, ont pensé que Frontin était encore l'auteur d'un petit traité *de Re agraria* ou de *Qualitate agrorum*, et de quelques fragments intitulés *de Coloniis et de Limitibus* ; mais le contraire a été démontré jusqu'à l'évidence par de Gœs (Gœsius). Nous n'avons donc point à nous occuper de ces ouvrages.

PRINCIPALES ÉDITIONS DE FRONTIN

---

1 *Essai sur l'hist. de l'art militaire*, t. 1ᵉʳ, p. 288.
2 *Mémoires de l'Académie des sciences morales et politiques*, t. iv, p. 839.
3 Le texte de M. Naudet porte Néron, sans doute par la faute du typographe.

1474. Selon le célèbre bibliographe Laire, l'édition princeps des *Stratagèmes* aurait paru à Rome, à cette époque, dans le format in-4°.

1478. Rome, in-4°. Réimpression de la précédente, avec Végèce et Elien ; citée par le même bibliographe.

...... L'édition princeps du *Mémoire sur les Aqueducs* a été donnée à la suite de Vitruve, in-f°, par Pomponius Laetus et Sulpitius Verulanus, sans indication de date ni de lieu. Elle a pour titre : *Sex. Julii Frontini, viri consularis, de aquis, quæ in Urbem influunt, libellus mirabilis*. Laire pense qu'elle parut en 1484 ; Maittaire, de 1484 a 1492 ; M. Brunet, en 1486.

1486. Bologne, in-f°. *Les Stratagèmes*. Édition donnée par Phil. Beroaldo, et que Maittaire regardait comme l'édition princeps.

1487. Rome, in-4°. *Les Stratagèmes*, avec Végèce et Élien, par Euch. Silber, dans la collection intitulée *Veteres de re militari scriptores* ; réimprimée en 1494.

1495. Bologne, in-f°. *Les Stratagèmes*. Réimpression de celle de 1486 ; on y a réuni Végèce, Élien et Modeste.

1496. Florence, in-f°. *Les Aqueducs*, sans nom d'imprimeur, avec Vitruve, et un opuscule d'Ange Politien, qui a pour titre *Panepistemon*.

1513. Florence, in-8°. *Les Aqueducs*, de l'imprimerie de Ph, Junte, avec Vitruve, édition donnée par Joconde, et bien meilleure que les précédentes, quoiqu'il y ait encore de nombreuses imperfections.

1515. Paris, in-4°. *Les Stratagèmes*, avec Végèce et Solin.

1524. Cologne, in-8°. *Les Stratagèmes*, avec Végèce, Elien et Modeste.

1532. Paris, in-f°. Les mêmes, édition donnée par Guill. Budé, et réimprimée en 1535.

1543. Strasbourg, in-4°. *Les Aqueducs*, de l'imprimerie de Knobloch. C'est, à quelques corrections près, l'édition de Joconde.

1585. Anvers, in-4°. *Les Stratagèmes*, de l'imprimerie de Plantin, avec les notes de Modius et de Stewechius. On y a réuni Végèce, Élien et Modeste.

1588. Paris, in-8°. *Les Aqueducs*, édition d'Onuphre Panvinio, avec les notes d'Opsopaeus.

1607. Anvers, in-4°. *Les Stratagèmes, et autres ouvrages de Frontin*, avec Végèce, etc., et les notes de Modius et de Stewechius. Édition de Scriverius, qui a mieux profité des manuscrits que ses devanciers, et a le premier recueilli les lois ou constitutions impériales sur les aqueducs.

1661. Amsterdam, in-8°. *Sexti Julii Frontini V. C. quæ exstant.* Édition de Robert Keuchen, qui a reproduit les notes de Scriverius, en y ajoutant les siennes.

1675. Leyde et Amsterdam, in-12. *Les Stratagèmes*, édition de Sam. Tennulius, dont les notes sont estimées.

1697. Le *De aquæ ductibus* a été imprimé dans le t. IV du *Thesaurus antiquitatum Romanarum* de J.-G. Grave (Graevius). C'est la reproduction du texte de l'édition Keuchen.

1722. Padoue, in-4°. *Les Aqueducs*, belle et excellente édition donnée par Poleni, ornée de cartes et de figures, et suivie des *Constitutions, impériales.*

1751. Leyde, in-8°. *Les Stratagèmes.* Notes réunies de Modius, de Stewechius, de Scriverius et de Tennulius ; très-bonne édition, due aux soins de Fr. Ouedendorp, qui l'a enrichie de notes pleines d'érudition.

1765. Paris, in-12. *Les Stratagèmes*, édition de Jos. Valart, sans autres notes que des variantes de texte.

1772. Leipzig, in-8°. *Les Stratagèmes*, édition de N. Schwebel, qui a ajouté ses notes à celles qu'il a choisies dans les commentateurs précédents ; observations critiques de J.-Fr. Herelius.

1779. Leyde, in-8°. Réimpression de l'édition de 1731, avec quelques notes de plus, par Corn. Oiidendorp.

1788. Deux-Ponts, in-8°. *Les Stratagèmes et les Aqueducs*, édition qui réunit les textes d'Oudendorp et de Poleni, sans autres notes que les restitutions souvent contestables de Gorradino d'All'Aglio, qui avaient été imprimées séparément du texte, à Venise, en 1742, in-4°.

1792. Altona, in-8°. *Les Aqueducs*, par G.-Ch. Adler, qui a reproduit une partie des notes de Poleni et des autres commentateurs, et en a donné lui-même quelques-unes.

1798. Gœttingue, in-8°. *Les Stratagèmes*, édition de Ge. Frid.

Wiegmann, destinée aux écoles.

1841. Vesel, in-8°. *Les Aqueducs*, belle édition, due aux soins de M. André Dederich, qui y a joint une traduction allemande. À l'aide des travaux d'un savant allemand, Chr.-Lud.-Frid. Schultz, travaux basés sur la collation des manuscrits, M. Dederich a donné une édition qui peut, en plusieurs endroits, soutenir la comparaison avec celle de Poleni. Il faut cependant reconnaître que ses restitutions de texte, bien qu'elles prouvent une rare sagacité, sont souvent trop hardies.

PRÉFACE SUR LES TROIS PREMIERS LIVRES

Puisque j'ai entrepris d'établir les principes de l'art militaire[1], étant du nombre de ceux qui en ont fait une étude, et que ce but a paru atteint, autant que ma bonne volonté pouvait y réussir, je crois devoir, pour compléter mon œuvre, former un recueil, en récits sommaires, des ruses de guerre que les Grecs désignaient par le nom générique de (στρατηγηματικά)[2] Ce sera fournir

aux généraux des exemples de résolution et de prévoyance, sur lesquels ils s'appuieront, et qui nourriront en eux la faculté d'inventer et d'exécuter de semblables choses. D'ailleurs, celui qui aura imaginé un expédient, pourra en attendre l'issue sans inquiétude, s'il se trouve semblable à ceux dont l'expérience a démontré le mérite. Je sais, et ne veux point le nier, que les historiens ont compris dans leur travail la partie que je traite, et que tous les exemples frappants ont été rapportés par les auteurs ; mais il est utile, selon moi, d'abréger les recherches des hommes occupés : il faut, en effet, un temps bien long pour trouver des faits isolés, et dispersés dans le corps immense de l'histoire. Or, ceux même qui en ont extrait ce qu'il y a de plus remarquable, n'ont donné qu'un amas de choses sans ordre, où se perd le lecteur. Je m'appliquerai à présenter, selon le besoin, le fait même que l'on demandera, de manière qu'il réponde, pour ainsi dire, à l'appel : car, en ramenant ces exemples à des genres déterminés, j'en ai fait comme un répertoire de conseils

1 Avant d'écrire ce recueil de stratagèmes, où tout est pratique, Frontin avait publié des ouvrages purement théoriques sur l'art militaire.
2 Opérations de stratégie et de tactique, en général

pour toutes les circonstances ; et afin qu'ils fussent classés d'après la différence des matières, et disposés dans l'ordre le plus convenable, je les ai partagés en trois livres : dans le premier seront réunis les exemples de ce qu'il convient de faire avant le combat ; dans le second, ceux qui regardent le combat et la terminaison de la guerre ; le troisième présentera les *stratagèmes* qui intéressent l'attaque ou la défense des places : à chacun de ces genres sont rapportées les espèces qui leur appartiennent. Je réclamerai, non sans quelque droit, de l'indulgence pour ce travail, ne voulant pas être taxé de négligence par ceux qui découvriront des faits que je n'aurai pas mentionnés : car qui pourrait suffire à passer en revue tous les monuments qui nous ont été laissés dans les deux langues ? Si donc je me suis permis quelques omissions, la cause en sera appréciée par quiconque aura lu d'autres ouvrages dont les auteurs avaient pris les mêmes engagements que moi. Au reste, il sera facile d'ajouter des faits à chacune de mes catégories : ayant entrepris cet ouvrage, ainsi que d'autres encore, plutôt pour me rendre utile que pour me donner du relief, je regarderai toute addition comme une aide, et non comme une critique. Ceux qui accueilleront favorablement ce livre, voudront bien faire distinction entre les mots

$$\sigma\tau\rho\alpha\tau\eta\gamma\eta\mu\alpha\tau\acute{\iota}\kappa\acute{\alpha} \quad \text{et} \quad \sigma\tau\rho\alpha\tau\eta\gamma\eta\mu\alpha\tau\acute{\alpha},$$

quoiqu'ils expriment des choses de même nature : tous les actes que la prévoyance, la sagesse, la grandeur d'âme et la fermeté ont inspirés aux généraux seront appelés $\sigma\tau\rho\alpha\tau\eta\gamma\eta\mu\alpha\tau\acute{\iota}\kappa\acute{\alpha}$;

et ceux qu'on entend par $\sigma\tau\rho\alpha\tau\eta\gamma\eta\mu\alpha\tau\acute{\alpha}$ [1] ne sont qu'une espèce des premiers. Le mérite particulier de ceux-ci est dans la ruse et l'habileté, quand il s'agit d'éviter ou de surprendre l'ennemi. Comme, en guerre, certaines paroles ont produit aussi de mémorables effets, j'en ai cité des exemples, comme j'ai fait pour les actions.

Voici les espèces de faits qui peuvent instruire un général de ce qui doit se pratiquer avant le combat :

Chapitres

I Cacher ses desseins.

II Épier les desseins de l'ennemi.

1 Stratagèmes, ruses de guerre proprement dites.

III Adopter une manière de faire la guerre.

IV Faire passer son armée à travers des lieux occupés par l'ennemi.

V S'échapper des lieux désavantageux.

VI. Des embuscades dressées dans les marches.

VII. Comment on paraît avoir ce dont on manque, et comment on y supplée.

VIII. Mettre la division chez les ennemis.

IX. Apaiser les séditions dans l'armée.

X. Comment on refuse le combat aux soldats, quand ils le demandent intempestivement.

XI. Comment l'armée doit être excitée au combat.

XII. Rassurer les soldats, quand ils sont intimidés par de mauvais présages.

LIVRE PREMIER
I. Cacher ses desseins.

1 Marcus Porcius Caton, soupçonnant que les villes soumises par lui en Espagne se révolteraient dans l'occasion, sur la confiance qu'elles avaient en leurs murailles, leur prescrivit, à chacune en particulier, de démolir leurs fortifications, les menaçant de la guerre si elles n'obéissaient pas sur le champ ; et il eut soin que ses lettres leur fussent remises à toutes le même jour. Chacune des villes crut que cet ordre n'était donné qu'à elle seule. Elles auraient pu s'entendre et résister[1], si elles avaient su que c'était une mesure générale.

2 Himilcon, chef d'une flotte carthaginoise, voulant aborder ino-

---

1 Plutarque (Vie de Caton le Censeur, ch. X) porte à quatre cents le nombre des villes que soumit Caton en Espagne. Tite-Live, après avoir rapporté ce fait, avec le détail de toutes les circonstances qui l'ont amené, ajoute (liv. XXXIV ch. 17) que le consul marcha contre les villes qui refusaient d'obéir, et qu'il fut même obligé d'assiéger Segestica, ville riche et importante, qu'il prit d'assaut. Polyen a compris ce même fait dans son recueil de stratagèmes (liv. VIII, ch. 17). Voyez aussi Polybe, Fragments, liv. XIX ; et Aurelius Victor, qui a reproduit presque littéralement le texte de Frontin (*Hommes illustres*, ch. XLVII).

pinément en Sicile, ne fit point connaître le lieu de sa destination ; mais il remit à tous les pilotes des tablettes cachetées[1] portant l'indication de la partie de l'île où il voulait qu'on se rendît ; et il leur défendit de les ouvrir, à moins que la tempête ne les éloignât de la route du vaisseau amiral.

3 Caïus Lélius, allant en ambassade près de Syphax[2], emmena avec lui des centurions et des tribuns qui, sous l'habit d'esclaves et de valets, lui servaient d'espions, entre autres L. Statorius, que quelques-uns des ennemis semblaient reconnaître, parce qu'il était venu souvent dans leur camp. Lélius, pour déguiser la condition de cet officier, lui donna des coups de bâton comme à un esclave.

4 Tarquin le Superbe, jugeant qu'il fallait mettre à mort les principaux citoyens de Gabies[3], et ne voulant confier ses ordres à personne, ne fit aucune réponse au messager que son fils lui avait envoyé à ce sujet ; mais, comme il se promenait alors dans son jardin, il abattit avec une baguette les têtes des pavots les plus élevés. L'émissaire, congédié sans réponse, rendit compte au jeune Tarquin de ce que son père avait fait en sa présence ; et le fils comprit qu'il devait immoler les premiers de la ville.

5 C. César, suspectant la fidélité des Égyptiens, visita avec une feinte sécurité la ville d'Alexandrie et ses fortifications, se livra en

---

1 Selon Diodore de Sicile (liv. XIV, ch. 55), le point de ralliement indiqué par Himilcon était Panorme, aujourd'hui Palerme. Cet usage des ordres cachetés, maintenant encore en vigueur dans la marine, était familier aux généraux de l'antiquité.

2 C. Lélius était envoyé par Scipion. Celui-ci, après avoir fait reconnaître le camp de Syphax, parvint à l'incendier pendant la nuit, ce qui mit un tel désordre dans l'armée ennemie, que le fer et le feu détruisirent quarante mille hommes. Voyez Tite-Live, liv. XXX, ch. 3-6 ; et Polybe, liv. XIV, fragment 2.

3 Gabies, ville du Latium et colonie d'Albe. Elle était déjà en ruines du temps d'Auguste.

Les détails de cet odieux artifice des deux Tarquins sont dans Tite-Live, liv. I, ch. 24. Voyez aussi Florus, liv. I. ch. 7 ; Valère-Maxime, liv. VII, ch. 4 ; Denys d'Halicarnasse, liv. IV, ch. 54 ; Ovide, *Fastes*, liv. II, v. 686 à 711.

Diogène Laërce rapporte que Thrasybule, tyran de Milet, donna un conseil du même genre à Périandre, tyran de Corinthe, dans les termes suivants :

THRASYBULE À PÉRIANDRE.

« Je n'ai fait aucune réponse aux questions de votre héraut ; mais, l'ayant mené dans un champ, j'abattis à coups de bâton, pendant qu'il me suivait, ceux des épis qui dépassaient les autres. Si vous l'interrogez, il vous dira ce qu'il a vu et entendu. Imitez-moi donc, si vous voulez conserver votre autorité ; faites périr les premiers de la ville, qu'ils soient, ou non, vos ennemis. L'ami même d'un tyran doit lui être suspect. »

même temps à de voluptueux festins, et voulut paraître épris des charmes de ces lieux, au point de s'abandonner aux habitudes et au genre de vie des Alexandrins ; et, tout en dissimulant ainsi, il fit venir des renforts et s'assura de l'Égypte.

6 Ventidius, dans la guerre contre les Parthes, qui avaient pour chef Pacorus, n'ignorant pas qu'un certain Pharnée, de la ville de Cyrrhus, et du nombre de ceux qui passaient pour alliés des Romains, informait l'ennemi de tout ce qui se passait dans leur camp, sut mettre à profit la perfidie de ce barbare. Il feignit de craindre les événements qu'il désirait le plus, et de désirer ceux qu'il redoutait. Ainsi, craignant que les Parthes ne franchissent l'Euphrate avant qu'il eût reçu les légions qu'il avait en Cappadoce, au delà du Taurus, il agit si habilement avec ce traître, que celui-ci, avec sa perfidie accoutumée, alla conseiller aux ennemis de faire passer leur armée par Zeugma, comme par le chemin le plus court, et parce que l'Euphrate y coulait paisiblement, n'étant plus encaissé dans ses rives. Ventidius lui avait affirmé, disait-il, que si les Parthes se dirigeaient de son côté, il gagnerait les hauteurs, pour éviter leurs archers, tandis qu'il aurait tout à craindre s'ils se jetaient dans le plat pays. Trompés par cette assurance, les barbares descendent dans la plaine, et, par un long détour, arrivent à Zeugma[1]. Là, les rives du fleuve étant plus écartées, et rendant plus pénible la construction des ponts, ils perdent plus de quarante jours à en établir, ou à mettre en œuvre les machines nécessaires à cette opération. Ventidius profita de ce temps pour rassembler ses troupes, qui le rejoignirent trois jours avant l'arrivée des Parthes, et, la bataille s'étant engagée, Pacorus la perdit avec la vie.

7 Mithridate, cerné par Pompée, et se disposant à fuir le lendemain, alla, pour cacher son projet, faire un fourrage au loin, jusque dans les vallées voisines du camp des ennemis ; et, afin d'écarter tout soupçon, il fixa au jour suivant des pourparlers avec plusieurs d'entre eux. Il fit encore allumer dans tout son camp des feux plus nombreux qu'à l'ordinaire. Puis, dès la seconde veille, passant sous les retranchements mêmes des Romains, il s'échappa avec son armée.

---

1 Zeugma. Ville de Syrie, fondée par Seleucus 1er, ainsi appelée « joindre », parce que, bâtie sur l'Euphrate, elle était le point de communication entre la Syrie et la Babylonie.

8 L'empereur César Domitien Auguste Germanicus, voulant surprendre les Germains, qui étaient en révolte, et n'ignorant pas que ces peuples feraient de plus grands préparatifs de défense, s'ils se doutaient de l'approche d'un si grand capitaine, partit sous le prétexte de régler le cens dans les Gaules. Et bientôt, fondant à l'improviste sur ces peuples farouches, il réprima leur insolence et assura le repos des provinces.

9 Claudius Néron, désirant que l'armée d'Hasdrubal fût détruite avant que celui-ci pût opérer sa jonction avec son frère Hannibal, se hâta d'aller se réunir à son collègue Livius Salinator, qui était opposé à Hasdrubal, et dans les forces duquel il n'avait pas assez de confiance ; mais, afin de cacher son départ à Hannibal, qu'il avait lui-même en tête, il prit dix mille hommes d'élite, et ordonna aux lieutenants qu'il laissait d'établir les mêmes postes et les mêmes gardes, d'allumer autant de feux, et de donner au camp la même physionomie que de coutume, de peur qu'Hannibal, concevant des soupçons, ne fît quelque tentative contre le peu de troupes qui restaient. Ensuite, étant arrivé par des chemins détournés en Ombrie, près de son collègue, il défendit d'étendre le camp, pour ne donner aucun indice de son arrivée au général carthaginois, qui eût évité le combat, s'il se fût aperçu de la réunion des consuls[1]. Ses forces ayant donc été doublées à l'insu d'Hasdrubal, il attaqua celui-ci, le défit, et, plus prompt qu'aucun courrier, revint en présence d'Hannibal. Ainsi, des deux généraux les plus rusés de Carthage, le même stratagème trompa l'un et anéantit l'autre.

10 Thémistocle avait exhorté ses concitoyens à reconstruire promptement leurs murailles, que les Spartiates les avaient obligés à démolir[2]. Ceux-ci ayant envoyé des députés pour s'opposer à

---

1 Hasdrubal s'aperçut en effet, mais trop tard, de la réunion des consuls. On ne doit donc pas prendre à la lettre cette dernière phrase de Frontin. Voyez le § 9 du chapitre suivant, et surtout le beau récit de Tite-Live, liv. XXVII, ch. 43-50.

« Quand on marche à la conquête d'un pays avec deux ou trois armées qui ont chacune leur ligne d'opération jusqu'à un point fixe où elles doivent se réunir, il est de principe que la réunion de ces divers corps d'armée ne doit jamais se faire près de l'ennemi, parce que non seulement l'ennemi, en concentrant ses forces, peut empêcher leur jonction, mais encore il peut les battre séparément. » (Napoléon.)

2 Il y a ici une grave erreur. Lors de ce voyage de Thémistocle à Sparte, en 478 avant J.-C., les murailles d'Athènes avaient été détruites par les Perses ; et c'est soixante-quatorze ans plus tard, après la bataille d'Ægos-Potamos, que les Spartiates exigèrent la nouvelle démolition de ces remparts. Cf. Cornélius Nepos, *Vie de*

l'exécution d'un tel dessein, il leur répondit qu'il irait lui-même à Sparte, pour détruire leurs soupçons, et il s'y rendit. Là, il simula une maladie, dans le but de gagner un peu de temps ; et, lorsqu'il s'aperçut qu'on se défiait de ses lenteurs, il soutint aux Spartiates qu'on leur avait apporté un faux bruit, et les pria d'envoyer à Athènes quelques-uns de leurs principaux citoyens, auxquels ils pussent s'en rapporter sur l'état des fortifications. Puis il écrivit secrètement aux Athéniens de retenir les envoyés de Sparte jusqu'à ce que, les travaux terminés, il pût déclarer aux Lacédémoniens qu'Athènes était en état de défense, et que leurs députés ne pourraient revenir qu'autant qu'il serait lui-même rendu à sa patrie. Les Spartiates acceptèrent facilement cette condition, pour ne pas payer par la mort d'un grand nombre celle du seul Thémistocle.

11 L. Furius, s'étant engagé dans un lieu désavantageux, et voulant cacher son inquiétude, pour ne point jeter l'alarme parmi ses troupes, se détourna peu à peu en feignant de s'étendre pour envelopper l'ennemi ; puis, par un changement de front, il ramena son armée intacte, sans qu'elle eût connu le danger qu'elle avait couru.

12 Pendant que Metellus Pius était en Espagne, on lui demanda un jour ce qu'il ferait le lendemain ; il répondit : « Si ma tunique pouvait le dire, je la brûlerais, »[1]

13 Quelqu'un priait M. Licinius Crassus de dire quand il lèverait le camp : « Craignez-vous, répondit-il, de ne pas entendre la trompette ? »[2]

II. Épier les desseins de l'ennemi.

1 Scipion l'Africain, ayant saisi l'occasion d'envoyer une ambassade à Syphax, députa Lélius, et le fit accompagner de tribuns et de centurions d'élite, qui, déguisés en esclaves, étaient chargés de reconnaître les forces du roi. Afin d'examiner plus facilement la situation du camp, ils laissèrent à dessein échapper un cheval, et, sous prétexte de chercher à l'atteindre, parcoururent la plus grande partie des retranchements. D'après le rapport qu'ils firent, on in-

Thémistocle, ch. VI ; et *Vie de Conon*, ch. IV.
1 La plupart des historiens attribuent ce mot à Metellus Macedonicus, qui vivait longtemps avant Metellus Pius.
2 Plutarque (*Vie de Demetrius*, ch. XXVIII) rapporte un mot semblable d'Antigone. Son fils Demetrius lui demandait quand on décamperait : « Crains-tu, répondit-il avec l'accent de la colère, d'être le seul qui n'entende pas la trompette ? »

cendia le camp, et la guerre fut ainsi terminée.

2 Pendant la guerre d'Étrurie, au temps où les généraux romains ne connaissaient pas encore de moyens plus adroits pour observer l'ennemi, Q. Fabius Maximus donna l'ordre à son frère Fabius Céson, qui parlaient la langue des Étrusques, de prendre le costume de ce peuple, et de s'avancer dans la forêt Ciminia, où nos soldats n'avaient point encore pénétré. Il s'acquitta de sa mission avec tant de prudence et d'habileté, que, parvenu de l'autre côté de la forêt, il sut amener à une alliance les Camertes Ombriens, ayant reconnu qu'ils n'étaient pas ennemis du nom romain.

3 Les Carthaginois ayant remarqué que la puissance d'Alexandre s'était accrue au point de devenir inquiétante même pour l'Afrique, un des leurs, homme résolu, nommé Hamilcar Rhodinus, alla, d'après leurs ordres, se réfugier auprès de ce roi, comme s'il était exilé, et mit tous ses soins à gagner sa confiance. Aussitôt qu'il y eut réussi, il fit connaître à ses concitoyens les projets du monarque[1].

4 Les Carthaginois eurent à Rome des émissaires qui, sous le prétexte d'une ambassade, devaient y séjourner longtemps et surprendre nos desseins.

5 En Espagne, M. Caton, ne pouvant pénétrer les desseins de l'ennemi par un autre moyen, ordonna à trois cents soldats de se précipiter ensemble sur un poste espagnol, d'en enlever un homme, et de l'amener au camp sain et sauf. Le prisonnier, mis à la torture, révéla tous les secrets des siens.

6 Lors de la guerre des Cimbres et des Teutons, le consul C. Marius, voulant éprouver la fidélité des Gaulois et des Liguriens, leur envoya des lettres dont la première enveloppe leur défendait d'ouvrir, avant une époque déterminée, l'intérieur, qui était scellé ; puis il réclama ces mêmes dépêches avant ce temps, et les ayant trouvées décachetées, il comprit que ces peuples fomentaient des projets hostiles.

Il y a encore, pour pénétrer les desseins de l'ennemi, des moyens que les généraux emploient par eux-mêmes, sans aucun secours étranger. En voici des exemples :

1 Le maréchal de Luxembourg avait un espion auprès du roi Guillaume, et était instruit de tout ce qui se passait dans l'armée ennemie. Le roi s'en aperçut, et obligea l'espion à donner un faux avis, qui faillit perdre l'armée française à Steinkerque ; mais le génie et le courage de Luxembourg triomphèrent de celle difficulté.

7 Pendant la guerre d'Étrurie, le consul Emilius Paullus allait faire descendre son armée dans une plaine, près de Poplonie, lorsqu'il vit de loin une multitude d'oiseaux s'élever d'une forêt, en précipitant leur vol. Il pensa qu'il y avait là quelque embuscade, parce que les oiseaux s'étaient envolés effarouchés et en grand nombre. Des espions qu'il envoya lui apprirent, en effet, que dix mille Boïens s'y disposaient à surprendre l'armée romaine. Alors, tandis qu'il était attendu d'un côté, il fit passer ses légions de l'autre, et enveloppa l'ennemi.

8 De même Tisamène, fils d'Oreste, averti que le sommet d'une montagne fortifiée par la nature était occupé par l'ennemi, envoya reconnaître les lieux. Ses éclaireurs lui ayant affirmé qu'il se trompait, il se mettait déjà en marche, quand il vit que de cette hauteur, dont il se méfiait, une grande quantité d'oiseaux s'étaient envolés à la fois, et ne s'y reposaient pas. Il en conclut qu'une troupe ennemie y était cachée, il tourna donc la montagne avec son armée, et évita ainsi l'embuscade.

9 Hasdrubal, frère d'Hannibal, s'aperçut de la réunion des armées de Livius et de Néron, malgré la précaution qu'ils avaient prise de ne point étendre leur camp. Il avait remarqué de leur côté des chevaux plus efflanqués, et des hommes dont le teint était plus hâlé que de coutume, comme il arrive après une marche.

III Adopter une manière de faire la guerre.[1]

1 Alexandre, roi de Macédoine, ayant une armée pleine d'ardeur, préféra toujours, comme manière de faire la guerre, la bataille rangée.

2 Pendant la guerre civile, C. César, ayant une armée de vétérans, et sachant que celle de l'ennemi était composée de recrues, s'attacha continuellement à livrer des batailles.

3 Fabius Maximus, envoyé contre Hannibal, que ses victoires

1 *De constituendo statu belli.* Les modernes disent de même constituer la guerre, ce qui équivaut à se faire un plan d'opérations.
Les principes résultant de l'expérience de tous les temps se résument en ces mots : « Un plan de campagne doit avoir prévu tout ce que l'ennemi peut faire, et contenir en lui-même les moyens de le déjouer. Les plans de campagne se modifient à l'infini, selon les circonstances, le génie du chef, la nature des troupes, et la topographie du théâtre de la guerre. » (Napoléon.)

avaient enorgueilli, résolut d'éviter les chances des combats, et de mettre seulement à couvert l'Italie, ce qui lui valut le surnom de Temporisateur et, par cela même, la réputation de grand capitaine.

4 Les Byzantins, pour éviter les hasards des combats contre Philippe, renoncèrent à la défense de leurs frontières, se retirèrent dans l'enceinte fortifiée de leur ville, et réussirent ainsi à éloigner ce roi, qui ne put supporter les lenteurs du siège.

5 Dans la seconde guerre Punique, Hasdrubal, fils de Giscon, étant vaincu en Espagne, et poursuivi par P. Scipion, partagea son armée entre différentes villes. Il en résulta que Scipion, pour ne point occuper ses troupes à faire plusieurs sièges à la fois, les ramena dans leurs quartiers d'hiver.

6 À l'approche de Xerxès, Thémistocle, pensant que les Athéniens ne pourraient ni livrer bataille, ni défendre leurs frontières, pas même leurs remparts, leur conseilla d'envoyer leurs enfants et leurs femmes à Trézène et dans d'autres villes, d'abandonner Athènes, et de se disposer à combattre sur mer.

7 Périclès en fit autant, dans la même république, contre les Lacédémoniens[1].

8 Tandis qu'Hannibal s'obstinait à rester en Italie, Scipion, en faisant passer son armée en Afrique, mit les Carthaginois dans la nécessité de rappeler leur général. Par ce moyen Scipion transporta la guerre du territoire romain sur celui de l'ennemi.

9 Les Athéniens, souvent inquiétés par les Lacédémoniens, qui leur avaient enlevé le château de Décélie, et s'y étaient fortifiés, envoyèrent une flotte pour ravager le Péloponnèse, et réussirent à faire rappeler l'armée lacédémonienne qui était à Décélie.

10 L'empereur César Domitien Auguste, voyant que du sein des bois et de retraites cachées, les Germains, par une tactique qu'ils avaient adoptée, venaient fréquemment assaillir nos troupes, et trouvaient ensuite un refuge assuré dans la profondeur de leurs

---

1 Il y a ici une erreur historique que l'on peut rectifier, en transportant cet exemple après le § 9. Périclès n'a jamais conseillé aux Athéniens d'abandonner leur ville, et d'envoyer ailleurs leurs femmes et leurs enfants. Mais, ainsi qu'on le voit dans Thucydide (liv. II), Périclès, au moment où les Spartiates ravageaient l'Attique, s'embarqua avec des troupes athéniennes, alla dévaster le territoire des Lacédémoniens, et les força ainsi à revenir défendre leurs possessions.

forêts[1], recula de cent vingt milles les limites de l'empire ; par là, non seulement il changea la situation de la guerre, mais il réduisit sous sa puissance ces ennemis, dont les retraites furent mises à découvert.

IV. Faire passer son armée à travers des lieux occupés par l'ennemi.

1 Pendant que le consul Emilius Paullus conduisait son armée en Lucanie, par un chemin resserré le long du rivage, la flotte des Tarentins, qui s'était mise en embuscade, lui lançait des flèches empoisonnées : il couvrit le flanc de sa troupe avec des prisonniers, et l'ennemi, craignant de les atteindre, cessa de tirer.

2 Agésilas, roi de Lacédémone, revenant de Phrygie chargé de butin, et poursuivi par les ennemis, qui le harcelaient partout où le terrain leur donnait l'avantage, étendit de chaque côté de ses troupes une file de prisonniers ; et les ennemis, en épargnant ceux-ci, donnèrent aux Lacédémoniens le temps de s'éloigner.

3 Le même roi, ayant à franchir un défilé qu'il trouva occupé par les Thébains, changea de route, et feignit de se diriger sur Thèbes. Les ennemis, effrayés, étant accourus à la défense de leur ville, Agésilas reprit le chemin qu'il avait d'abord résolu de suivre, et passa le défilé sans obstacle.

4 Nicostrate, général des Étoliens, marchant contre les Épirotes, et ne pouvant entrer sur leur territoire que par deux passages étroits, se présenta comme dans l'intention d'en forcer un. Tous les Épirotes étant accourus pour le défendre, il laissa sur ce point un détachement, pour faire croire que toute son armée y était arrêtée ; et il alla lui-même, avec le reste de ses troupes, passer par l'autre défilé, où il n'était point attendu.

5 Le Perse Autophradate, conduisant son armée en Pisidie, et trouvant un défilé gardé par les troupes de ce pays, feignit de craindre la difficulté du passage, et commença à faire retraite. Les Pisidiens s'étant fiés à cette manœuvre, il envoya pendant la nuit une troupe d'élite pour s'emparer du lieu, et le lendemain il y fit passer toute son armée.

1 *Nudaverat.* Domitien fit probablement couper ou incendier les forêts qui servaient de retraite aux Germains : c'est, du moins, l'opinion des commentateurs.

6 Philippe, roi de Macédoine[1], se dirigeant vers la Grèce, et apprenant que les Thermopyles étaient occupées par les Étoliens, retint leurs députés, qui étaient venus pour traiter de la paix ; puis, marchant lui-même à grandes journées vers les Thermopyles, dont les gardiens, en pleine sécurité, attendaient le retour de leur ambassade, il franchit inopinément le défilé.

7 Iphicrate, commandant l'armée athénienne contre le Lacédémonien Anaxibius, près d'Abydos, sur l'Hellespont, avait à traverser avec son armée des lieux occupés par des postes ennemis. Le passage était, d'un côté, bordé de montagnes escarpées, et de l'autre, baigné par la mer. Il s'arrêta quelque temps ; et, profitant d'un jour où il faisait plus froid qu'à l'ordinaire, ce qui inspirait moins de méfiance à l'ennemi, il prit les soldats les plus, robustes, les échauffa on les faisant frotter d'huile et en leur donnant du vin, et leur ordonna de suivre l'extrémité même du rivage, en passant à la nage les endroits impraticables. Au moyen de cette ruse, il fondit à l'improviste, et par derrière, sur les troupes qui gardaient ce défilé.

8 Cn. Pompée, ne pouvant traverser un fleuve dont l'autre rive était gardée par l'ennemi, faisait continuellement sortir ses troupes du camp, et les y ramenait ; quand il eut par là persuadé aux ennemis qu'ils n'avaient aucun mouvement à faire à l'approche des Romains, il s'élança tout à coup vers le fleuve et le traversa.

9 Alexandre le Grand, arrêté par Porus, qui lui disputait le passage de l'Hydaspe[2], donna l'ordre à une partie de ses troupes de se porter sans cesse vers le fleuve ; et lorsqu'il eut réussi, par cette manœuvre, à fixer les craintes de Porus sur ce point de la rive opposée, il fit subitement passer son armée plus haut.

Empêché par l'ennemi de traverser l'Indus, Alexandre fit entrer

---

1 Il s'agit sans doute de Philippe, fils de Demetrius, qui fit la guerre aux Étoliens. Voyez Tite-Live, liv. XXVIII, ch. 7.
2 Selon Quinte-Curce (liv. VIII, ch. 13) et Arrien (liv. V, ch. 2), ce fait s'accomplit, ainsi que le précédent, sur l'Hydaspe, et non sur l'Indus. Plutarque, dans la Vie d'Alexandre, parle d'une lettre de ce roi, qui lui-même rend compte du passage de l'Hydaspe, et ne fait nulle mention de l'Indus. Au reste, ces erreurs ne sont pas rares dans Frontin, surtout quand il sort de l'histoire romaine.
Des stratagèmes semblables ont été pratiqués par Gustave-Adolphe pour passer le Lech, que gardaient les Impériaux, et par Charles XII, qui franchit la Bérézina en marchant contre les Moscovites.

sa cavalerie en différents endroits du fleuve, comme pour forcer le passage ; et pendant qu'il tenait les barbares dans cette attente, il fit passer dans une île peu éloignée un détachement faible d'abord, mais qui, bientôt renforcé, gagna de là l'autre rive. À la vue de cette troupe, tous les ennemis s'élancèrent à la fois pour l'anéantir ; Alexandre eut alors le gué libre, passa le fleuve, et réunit toute son armée.

10 Xénophon, voyant que les Arméniens occupaient l'autre rive d'un fleuve qu'il devait traverser, fit chercher deux gués ; et, se voyant repoussé de celui du dessous, il gagna le gué supérieur. Également chassé de celui-ci, où l'ennemi était accouru, il revint au gué inférieur, laissant vers l'autre une partie de ses soldats, avec ordre de traverser par là, pendant que l'ennemi retournerait à la défense du gué inférieur. Persuadés que l'armée entière de Xénophon redescendrait le fleuve, les Arméniens ne prirent point garde aux troupes qui restaient sur l'autre point ; alors celles-ci, ayant traversé sans obstacle, vinrent protéger le passage des autres.

11 Lors de la première guerre Punique, le consul Ap. Claudius, étant dans l'impossibilité de faire passer son armée de Rhegium à Messine, parce que les Carthaginois gardaient le détroit, répandit le bruit qu'il ne pouvait continuer une guerre commencée sans l'ordre du peuple, et feignit de ramener sa flotte du côté de l'Italie. Les Carthaginois se retirèrent, croyant au départ du consul, et celui-ci, revenant sur ses pas, aborda en Sicile.

12 Des généraux lacédémoniens, faisant voile pour Syracuse, et redoutant la flotte des Carthaginois, qui était en croisière devant cette ville, firent marcher à leur tête, comme en triomphe, des vaisseaux carthaginois qu'ils avaient capturés, et au flanc ou à l'arrière desquels ils avaient attaché leurs propres navires. Trompés par cette apparence, les Carthaginois les laissèrent passer.

13 Philippe, arrêté au détroit de Cyanée[1] par la flotte athénienne, qui lui fermait le passage, écrivit à Antipater de tout quitter pour le suivre chez les Thraces, qui étaient en insurrection, et avaient fait prisonnières les garnisons laissées dans leur pays ; et il eut soin que sa lettre fût interceptée par les Athéniens. Ceux-ci croyant

---

1 Les commentateurs pensent qu'il s'agit ici, non du détroit de Cyanée, mais de celui d'Abydos. Selon Polyen (liv. IV, ch. 2, § 8), Philippe aurait employé cette ruse lors d'une expédition qu'il fit dans le pays d'Amphisse.

avoir surpris les secrets des Macédoniens, retirèrent leur flotte ; et Philippe franchit le détroit sans trouver de résistance.

14 Ce roi, ne pouvant s'emparer de la Chersonèse, alors au pouvoir des Athéniens, parce que le passage de la mer lui était fermé, tant par la flotte de Byzance que par celle des Rhodiens et des habitants de Chio, sut gagner ces deux derniers peuples en leur rendant les vaisseaux qu'il leur avait pris, comme si cette restitution devait être un motif de médiation de leur part, pour conclure la paix entre lui et les Byzantins, seuls auteurs de la guerre. Puis traînant en longueur cette négociation, et apportant toujours à dessein quelques changements aux conditions du traité, il eut le temps de préparer sa flotte, qui passa le détroit sans que l'ennemi s'y attendît.

15 H. Chabrias, général athénien, qu'une flotte ennemie empêchait d'entrer dans le port de Samos, envoya quelques-uns de ses vaisseaux en vue de ce port, avec ordre de prendre le large, persuadé que les navires en station se mettraient à leur poursuite. Cette ruse, en effet, ayant éloigné l'ennemi, Chabrias ne trouva plus d'obstacle, et fit entrer dans le port le reste de sa flotte.

V. S'échapper des lieux désavantageux.

1 Q. Sertorius, serré de près par l'ennemi en Espagne, et devant traverser une rivière, creusa sur le bord un fossé en forme de demi-lune, le remplit de bois, auquel il mit le feu ; et, arrêtant ainsi l'ennemi, il passa librement la rivière.

2 Pélopidas, général thébain, recourut à un semblable artifice, dans la guerre de Thessalie, pour franchir une rivière. Ayant donné à son camp une vaste étendue sur la rive, il fit son retranchement avec des troncs d'arbres garnis de leurs branches, et avec d'autres pièces de bois ; puis il y mit le feu. Pendant que les flammes tenaient l'ennemi à distance, il traversa la rivière.

3 Q. Lutatius Catulus, poursuivi par les Cimbres, et n'espérant leur échapper qu'en passant un fleuve dont ils occupaient le bord, fit paraître ses troupes sur une montagne voisine, comme dans l'intention d'y camper ; et il défendit aux soldats de délier les bagages, de décharger les fardeaux, et de s'écarter des rangs et des enseignes. Pour mieux tromper les ennemis, il fit dresser quelques tentes qu'ils pussent apercevoir, allumer des feux, construire le re-

tranchement par quelques hommes, tandis que d'autres allaient à la provision de bois, toujours à la vue des Cimbres. Ceux-ci, croyant à la réalité de ce qu'ils voyaient, choisirent aussi un lieu pour leur camp ; et, pendant qu'ils se dispersaient dans les environs pour se procurer les choses nécessaires au séjour, Catulus, saisissant l'occasion, traversa le fleuve, et dévasta même leur camp.

4 Crésus, ne pouvant passer à gué l'Halys, et n'ayant aucun moyen de construire des bateaux ou un pont, fit creuser un canal qui, de la partie supérieure du rivage, suivit la ligne de son camp, et donna au fleuve un nouveau lit derrière l'armée.

5 Cn. Pompée, vivement poursuivi par César, et voulant transporter la guerre hors de l'Italie, était à Brindes, sur le point de s'embarquer. Il obstrua quelques rues, en mura d'autres, en coupa quelques-unes par des fossés, qu'il couvrit en y dressant des pieux qui supportaient des claies chargées de terre. Les avenues qui menaient au port furent interceptées par des poutres serrées les unes contre les autres et formant une puissante barrière. Ces travaux terminés, il feignit de vouloir défendre la ville, en laissant çà et là quelques archers sur les remparts. Ses troupes s'embarquèrent sans bruit ; et, dès qu'il fut en mer, les archers, se retirant par des chemins qui leur étaient connus, le rejoignirent à l'aide de petites embarcations.

6 Le consul C. Duilius, ayant pénétré imprudemment dans le port de Syracuse[1], et s'y voyant enfermé par une chaîne tendue à l'entrée, fit passer tous ses soldats de la poupe de ses vaisseaux, qui, ayant par cette manœuvre l'arrière incliné et la proue relevée, furent lancés à force de rames, et s'engagèrent sur la chaîne. Après quoi, les soldats s'étant portés vers la proue, leur poids entraîna les vaisseaux de l'autre côté de l'obstacle.

7 Lysandre, de Lacédémone, enfermé avec toute sa flotte dans le port d'Athènes, dont les étroites issues étaient gardées par les vaisseaux ennemis, débarqua secrètement ses troupes sur le rivage, et fit passer, à l'aide de rouleaux, ses vaisseaux dans le port de

1 Frontin fait encore ici erreur. Pendant le consulat de Duilius, Syracuse avait pour roi Hiéron, allié et ami des Romains. Il est plutôt question du port de Segeste, comme le conjecturent la plupart des critiques. Cf. Polybe, liv. I.
En 1560, Montgomery, fuyant sur la Seine, après la prise de Rouen, franchit de la même manière une estacade que l'on avait établie sur le fleuve, pour empêcher l'approche des bâtiments anglais.

Munychie, voisin de celui d'Athènes.

8 En Espagne, Hirtuleius, lieutenant de Sertorius, s'étant engagé entre deux montagnes escarpées, dans un long et étroit défilé, et n'ayant qu'un petit nombre de cohortes, apprit que l'ennemi approchait avec des forces considérables. Aussitôt il fit creuser un fossé d'une montagne à l'autre, le surmonta d'une palissade à laquelle il mit le feu, et s'échappa en arrêtant ainsi l'ennemi.

9 Pendant la guerre civile, C. César, s'étant avancé avec ses troupes pour présenter la bataille à Afranius, s'aperçut qu'il ne pourrait se retirer sans danger. Il fit rester la première et la seconde ligne sous les armes, dans l'ordre primitif de la bataille, pendant que la troisième, travaillant derrière les deux autres, à l'insu de l'ennemi, creusait un fossé de quinze pieds, dans l'enceinte duquel ses soldats se retirèrent, au coucher du soleil, et restèrent sons les armes.

10 Périclès. général athénien, poussé par les troupes du Péloponnèse dans un lieu entouré de rochers escarpés qui n'offraient que deux issues, coupa l'une par un fossé très large, comme pour la fermer à l'ennemi, et étendit son camp vers l'autre, feignant de vouloir sortir de ce côté. Les troupes qui le tenaient investi, loin de croire que son armée s'échapperait par le fossé qu'elle avait creusé elle-même, accoururent toutes en tête de l'autre passage. Alors Périclès, qui avait préparé des ponts, les jeta sur le fossé, et fit sortir ses soldats sans éprouver aucune résistance.

11 Lysimaque, un des généraux qui se partagèrent l'empire d'Alexandre, avait dessein de camper sur une haute colline ; mais, conduit sur une autre moins élevée, par la faute de ses guides, et craignant que les ennemis, qui étaient postés plus haut, ne vinssent fondre sur lui, il établit son retranchement, et fit creuser en deçà trois fossés, ainsi que d'autres encore autour des tentes, de sorte que le camp tout entier en était sillonné. Puis, quand il eut ainsi coupé le passage à l'ennemi, il se fit des ponts sur les fossés avec de la terre et des branchages, et gagna en toute hâte des lieux plus élevés.

12 En Espagne, T. Fonteius Crassus, étant allé faire du butin avec trois mille hommes, se trouva enfermé par Hasdrubal dans une position dangereuse. À l'entrée de la nuit, n'ayant fait part de sa résolution qu'aux premiers rangs, il s'échappa en traversant les postes

ennemis, au moment où l'on s'y attendait le moins.

13 L. Furius, s'étant engagé dans un lieu désavantageux, et voulant cacher son inquiétude, afin de ne pas jeter l'alarme parmi ses troupes, se détourna peu à peu, en feignant de s'étendre pour attaquer l'ennemi ; puis, par un changement de front, il ramena son armée intacte, sans qu'elle eût connu le danger qu'elle avait couru.

14 Pendant la guerre contre les Samnites, le consul Cornélius Cossus étant surpris par l'ennemi dans un lieu où il courait du danger, le tribun P. Decius lui conseilla de faire occuper une hauteur qui était près de là, par un détachement qu'il s'offrit à commander. L'ennemi, attiré sur ce point, laissa échapper le consul, mais enveloppa Decius, et le tint assiégé. Celui-ci triompha encore de cette difficulté par une sortie nocturne, et revint auprès du consul, sans avoir perdu un seul homme.

15 Une action semblable a été faite, sous le consulat d'Atilius Calatinus, par un chef dont le nom nous a été diversement transmis : les uns l'appellent Laberius, quelques autres Q. Céditius, la plupart Calpurnius Flamma[1]. Voyant que les troupes étaient entrées dans une vallée dont toutes les hauteurs étaient occupées par l'ennemi, il demande et obtient trois cents hommes, qu'il exhorte à sauver l'armée par leur courage, et s'élance avec eux au milieu de cette vallée. les ennemis descendent de toutes parts pour les tailler en pièces ; mais, arrêtés par un combat long et acharné, ils laissent au consul le temps de s'échapper avec son armée.

16 En Ligurie, l'armée du consul L. Minucius s'étant engagée dans un défilé qui rappelait aux soldats le désastre des Fourches Caudines, ce général donna l'ordre aux Numides, ses auxiliaires, qui, ainsi que leurs chevaux, inspiraient le mépris par leur mauvaise mine, d'aller caracoler vers les issues occupées par les ennemis. Ceux-ci, craignant une surprise, établirent des avant-postes.

---

1 Cet acte de dévouement de Calpurnius Flaima est rapporté par Florus, liv. II. 2. Tite-Live (liv. XXII, ch. 60), faisant le rapprochement de cette noble conduite et de celle de P. Decius, attribue à Flamma ces paroles ; « Moriamur, milites, et morte nostra eripiamus ex obsidione circumventas legiones. »
Kléber, avec quatre mille hommes, avait attaqué vingt-cinq mille Vendéens. Se voyant débordé par l'ennemi, il dit au colonel Shouadin : « Prends une compagnie de grenadiers, arrête l'ennemi devant ce ravin : tu te feras tuer, et tu sauveras l'armée. — Oui, général, » répond l'officier ; et il périt avec tous ses hommes.
Ces faits rappellent celui de Léonidas et des trois cents Spartiates.

De leur côté, les Numides, pour se faire mépriser davantage, se laissaient à dessein tomber de cheval, se donnant en spectacle et excitant la risée. Cette étrange manœuvre mit le désordre chez les barbares, qui abandonnèrent leurs rangs pour regarder, Aussitôt que les Numides s'en aperçurent, ils approchèrent peu à peu ; puis, donnant de l'éperon, ils passèrent à travers les postes mal gardés de l'ennemi, firent irruption dans les campagnes voisines, et forcèrent par là les Liguriens à courir à la défense de ce qui leur appartenait, et à laisser échapper les Romains, qu'ils tenaient enfermés.

17. Pendant la guerre Sociale, L. Sylla, surpris dans un défilé voisin d'Ésernia, se rendit près de l'armée ennemie, commandée par Mutilus, et, dans une entrevue qu'il avait demandée, il discuta sans succès les conditions de la paix ; mais, s'étant aperçu que les ennemis se tenaient peu sur leurs gardes, à cause de la suspension des hostilités, il sortit de son camp pendant la nuit, et, pour faire croire que son armée y était restée, il y laissa un trompette avec ordre de sonner chacune des veilles, et de le rejoindre après avoir annoncé la quatrième. Grâce à cette ruse, il put conduire en des lieux sûrs ses troupes, tous ses bagages et ses machines de guerre.

18 Le même général, faisant la guerre contre Archelaüs, lieutenant de Mithridate dans la Cappadoce, et ayant à lutter à la fois contre la difficulté des lieux et contre un grand nombre d'ennemis, fit des propositions de paix, conclut même une trêve, et, quand il eut par là trompé la vigilance de l'ennemi, il s'échappa.

19 Hasdrubal, frère d'Hannibal, ne pouvant sortir d'un défilé dont les issues étaient gardées par Claudius Néron, prit avec celui-ci l'engagement de quitter l'Espagne, si on lui laissait la retraite libre. Puis, chicanant sur les conditions du traité, il gagna quelques jours, qu'il mit tous à profit, pour faire échapper son armée par détachements, à travers des sentiers étroits, que l'ennemi avait négligé d'occuper. Après quoi il s'enfuit aisément lui-même avec ses troupes légères.

20 Spartacus, que M. Crassus tenait enfermé par un fossé, fit tuer des prisonniers et des bestiaux, combla le fossé avec leurs corps, pendant la nuit, et passa par-dessus[1].

---

1 Selon le récit de Plutarque, Crassus enferma Spartacus dans la presqu'île de Rhegium, en tirant à l'isthme, d'une mer à l'autre, un fossé de trois cents stades de longueur, sur une largeur et une profondeur de quinze pieds, et Spartacus s'échappa

21 Ce même chef, assiégé sur le Vésuve, fit des liens de vigne sauvage, à l'aide desquels il descendit la montagne du côté le plus escarpé, et par cela même le moins gardé ; et non seulement il s'échappa, mais encore il alla par un autre côté jeter une telle épouvante dans l'armée de Clodius, que plusieurs cohortes plièrent devant soixante-quatorze gladiateurs.

22 Le même Spartacus, enveloppé par l'armée du proconsul P. Varinius, planta devant la porte de son camp, et à de faibles intervalles les uns des autres, des pieux auxquels furent attachés des cadavres vêtus et armés, qu'on devait prendre de loin pour un avant-poste, et alluma des feux dans toute l'étendue du camp. Ayant trompé l'ennemi par cette fausse apparence, il emmena ses troupes pendant le silence de la nuit.

23 Brasidas, général lacédémonien, surpris dans les environs d'Amphipolis par les Athéniens, qui lui étaient supérieurs en nombre, se laissa entourer, afin que les rangs de l'ennemi s'affaiblissent en formant une longue enceinte, et s'ouvrit un passage par l'endroit le plus éclairci.

24. Iphicrate, dans une expédition en Thrace, ayant établi son camp dans un lieu bas, et s'étant aperçu que les, ennemis occupaient une hauteur voisine, d'où ils ne pouvaient descendre que par un seul passage pour le surprendre, laissa dans le camp pendant la nuit quelques soldats auxquels il donna l'ordre d'allumer un grand nombre de feux ; et son armée, qu'il avait fait sortir, s'étant postée de chaque côté de cette issue, laissa passer les barbares Puis, tournant contre ceux-ci la difficulté que le terrain lui avait présentée à lui-même, Iphicrate, avec une partie des siens, les chargea en queue et les tailla en pièces, tandis que le reste de son armée s'emparait de leur camp.

25 Darius, pour cacher sa retraite aux Scythes, laissa des chiens et des ânes dans son camp[1]. Les ennemis, entendant aboyer et braire

en comblant une partie du fossé avec de la terre, des branches d'arbres, etc. ; mais le biographe ne fait aucune mention des prisonniers que ce général, au dire de Frontin, aurait mis à mort pour faire passer son armée sur leurs cadavres. (Vie de Crassus, ch. XIII.)

1 Darius, sur le conseil de Gobrias, un des grands qui le suivaient, laissa non seulement les ânes dans son camp, mais encore les malades et toute la partie de son armée la moins capable de supporter les fatigues (Hérodote, liv. IV, ch. 134 et 135). Cf. Polyen, Liv. VII, ch. 11, § 4 ; et Justin, liv. II, ch. 5.

ces animaux, ne se doutèrent point du départ de Darius.

26 Les Liguriens employèrent un moyen analogue pour tromper la vigilance des Romains : ils attachèrent à des arbres, en différents endroits de leur camp, de jeunes bœufs qui, ainsi séparés les uns des autres, redoublèrent leurs mugissements, et firent croire par là que l'armée était toujours présente.

27 Hannon, cerné par des troupes ennemies, amoncela sur le lieu par où il pouvait le plus facilement s'échapper, une grande quantité de menu bois auquel il mit le feu. Les ennemis ayant abandonné cette position pour aller garder les autres issues, il fit passer ses soldats à travers les flammes, après leur avoir recommandé de se couvrir le visage avec leurs boucliers, et les jambes avec des vêtements.

28 Hannibal, voulant sortir d'un lieu désavantageux où il était menacé de la disette, et serré de près par Fabius Maximus, chassa de côté et d'autre, pendant la nuit, des bœufs aux cornes desquels il avait attaché des faisceaux de sarment[1], qui furent allumés. Ces animaux, effrayés par la flamme que leurs mouvements excitaient encore, se répandirent au loin sur les montagnes, et firent paraître en feu tous les lieux qu'ils parcouraient. Les soldats romains, qui étaient venus en observation, crurent d'abord que c'était un prodige ; mais quand Fabius fut informé de la réalité, il craignit que ce ne fût un piège, et retint ses troupes dans le camp : alors les barbares s'échappèrent de ce lieu sans rencontrer aucun obstacle.

VI. Des embuscades dressées dans les marches.

1 Fulvius Nobilior, conduisant son armée du Samnium dans la Lucanie, et apprenant par des déserteurs que l'ennemi devait attaquer son arrière-garde, donna l'ordre à sa meilleure légion de marcher en tête, et plaça en queue les équipages. L'ennemi, profitant de cette disposition comme d'une occasion favorable, se jeta sur le bagage. Alors Fulvius rangea à sa droite cinq cohortes de la légion dont on vient de parler, et les cinq autres à sa gauche ; puis, éten-

1 Ce fait est raconté par Tite-Live (liv. XXII, ch. 16 et 17), par Polybe (liv. III, ch. 93), par Plutarque (*Vie de Fabius*, ch. VI), par Cornélius Nepos (*Vie d'Hannibal*, ch. V). Il a été de nos jours taxé d'invraisemblance, et appelé le conte des bœufs ardents.

dant ses deux lignes du côté de l'ennemi, que le pillage occupait, il l'enveloppa et le tailla en pièces.

2 Le même Fulvius, vivement pressé par l'ennemi dans une marche, et rencontrant une rivière qui était trop peu considérable pour lui fermer le passage, mais assez rapide pour le retarder, embusqua en deçà une de ses deux légions, afin que les ennemis, ne craignant pas le petit nombre des soldats qu'ils verraient, le poursuivissent avec plus de témérité. Le fait ayant répondu à son attente, la légion qu'il avait postée sortit du lieu de l'embuscade, fondit sur eux, et les mit en déroute.

3 Iphicrate marchait vers la Thrace, forcé par la nature des lieux d'étendre son armée en longueur, lorsqu'il apprit que l'ennemi avait dessein d'attaquer son arrière-garde. Il ordonna à ses cohortes d'ouvrir leurs rangs en appuyant de chaque côté du chemin, et de s'arrêter ; et aux autres troupes, de hâter le pas comme dans une fuite. À mesure qu'elles défilaient devant lui, il retenait les hommes d'élite ; et quand il vit les ennemis pêle-mêle, échauffés au pillage, et déjà fatigués, il fondit sur eux avec ses soldats reposés et en bon ordre, les tailla en pièces, et leur enleva le butin.

4 Sur le passage de l'armée romaine, qui devait traverser la forêt Litana[1], les Boïens avaient scié les arbres de telle manière que, soutenus par une très faible partie de leurs troncs, ils devaient céder au moindre choc ; puis ils s'étaient embusqués à l'extrémité de la forêt. Dès que les Romains s'y furent engagés, les Boïens donnèrent l'impulsion aux arbres qui étaient le plus près d'eux : ceux-ci déterminant la chute des autres sur l'armée romaine, un grand nombre de soldats furent écrasés.

VII. Comment on paraît avoir ce dont on manque, et comment on y supplée.

1 L. Cécilius Metellus, n'ayant pas de vaisseaux propres à transporter ses éléphants[2], joignit ensemble des tonneaux qu'il couvrit de planches, embarqua les éléphants sur ce radeau, et leur fit pas-

---

1 Tite-Live (liv. XXIII, ch. 24) fait le récit de ce stratagème. La forêt Litana était située aux confins de l'Etrurie et de la Ligurie.
2 Metellus avait pris ces éléphants aux Carthaginois dans le combat livré sous les murs de Panorme.

ser le détroit de Sicile.

2 Hannibal, ne pouvant contraindre ses éléphants à traverser un fleuve très profond[1], et n'ayant pas de bateaux, ni de bois pour construire des radeaux, ordonna qu'on blessât au-dessous de l'oreille le plus méchant de ces animaux, et que celui qui l'aurait frappé se jetât aussitôt à la nage, et traversât le fleuve en fuyant. L'éléphant, que la blessure rendit furieux, voulant pour suivre l'auteur de son mal, franchit le fleuve, et les autres n'hésitèrent plus à en faire autant.

3 Des généraux carthaginois, devant équiper une flotte, et manquant de sparte pour faire des cordages, y suppléèrent avec les cheveux des femmes.

4 Les Marseillais et les Rhodiens recoururent au même expédient.

5 M. Antoine, fuyant après sa défaite à Mutine, donna des écorces à ses soldats pour se faire des boucliers.

6 Spartacus et ses soldats avaient des boucliers d'osier recouverts de peaux.

7 Il n'est pas hors de propos, ce me semble, de rapporter ici cette belle action d'Alexandre le Grand. Lorsque, traversant les déserts de l'Afrique, il était, comme toute son armée, en proie à une soif brûlante, un soldat lui présenta de l'eau dans un casque. Il la répandit à terre, à la vue de tous. Par cet exemple de tempérance il produisit plus d'effet sur ses soldats, que s'il eût pu partager avec eux cette eau.

VIII. Mettre la division chez les ennemis.[2]

1 Lorsque Coriolan se vengeait, les armes à la main, de son ignominieuse condamnation, il préserva du ravage les propriétés des patriciens, tandis qu'il brûlait et dévastait celles des plébéiens, voulant par là rompre l'accord qui régnait entre les Romains.

2 Hannibal, ayant dessein de faire noter d'infamie Fabius, qui lui était supérieur en vertu, comme en talents militaires, épargna ses

---

1   Il s'agit ici du passage du Rhône. Tite-Live, tout en rapportant le fait (liv. XXI, ch. 28), semble peu y croire, et pense que les éléphants passèrent plutôt sur des radeaux.

2 *De distringendis hostibus.* Il y a dans ce chapitre des exemples qui ne répondent pas bien au titre, quelque extension qu'on donne au mot *distringendis.*

propriétés tout en ravageant celles des autres Romains. Mais la grandeur d'âme de Fabius mit sa fidélité à l'abri de tout soupçon : il vendit ses biens au profit de l'État.

3 Q. Fabius Maximus, étant consul pour la cinquième fois, lorsque les Gaulois, les Ombriens, les Étrusques et les Samnites réunirent leurs forces contre le peuple romain, s'avança à leur rencontre au delà de l'Apennin ; et, pendant qu'il fortifiait son camp près de Sentinum, il écrivit à Fulvius et à Postumius, qui gardaient Rome, de diriger leurs troupes sur Clusium[1]. Cet ordre exécuté, les Étrusques et les Ombriens accoururent à la défense de leur territoire ; alors, comme il ne restait plus que les Samnites et les Gaulois, Fabius et son collègue Decius les attaquèrent et les défirent.

4 Les Sabins ayant levé une grande armée, et quitté leur territoire pour se jeter sur celui de Rome, M. Curius envoya, par des chemins détournés, un détachement qui ravagea leurs terres, et incendia leurs bourgades dans plusieurs directions. Les Sabins rentrèrent chez eux pour arrêter cette dévastation ; en sorte que Curius eut le triple avantage de saccager le pays ennemi alors sans défense, de mettre en fuite une armée sans avoir livré bataille, et de la tailler en pièces après l'avoir dispersée.

5 T. Didius, ne trouvant pas son armée assez nombreuse, différait la bataille jusqu'à l'arrivée des légions qu'il attendait, lorsqu'il apprit que l'ennemi allait marcher à leur rencontre. Il convoqua l'assemblée, or donna aux soldats de se préparer au combat, et fil à dessein négliger la garde des prisonniers. Il s'en échappa quelques-uns, qui annoncèrent aux leurs que les Romains se disposaient à les attaquer. Alors, dans l'attente du combat, l'ennemi craignit de diviser ses forces, et renonça à marcher contre les légions qu'il voulait surprendre. Celles-ci arrivèrent près de Didius sans avoir été inquiétées.

6 Dans une des guerres Puniques, quelques villes, ayant dessein de passer du parti des Romains dans celui des Carthaginois, et désirant, avant de rompre avec les premiers, retirer les otages qu'elles leur avaient donnés, feignirent d'avoir querelle avec des peuples

---

1 « Le plus sûr moyen de diviser les forces de l'ennemi, dit Machiavel (Art de la guerre, liv. VI), est d'attaquer son pays ; il sera forcé d'aller le défendre, et d'abandonner ainsi le théâtre de la guerre. C'est le parti que prit Fabius, qui avait à soutenir les forces réunies des Gaulois, des Étrusques, des Ombriens et des Samnites. »

voisins, demandèrent, des Romains pour médiateurs, et, quand ceux-ci furent arrivés, elles les retinrent comme otages équivalents, et ne les rendirent qu'après avoir reçu les leurs.

7 Les Romains ayant envoyé une ambassade au roi Antiochus, qui, après la défaite des Carthaginois, avait auprès de lui Hannibal, dont il mettait les conseils à profit contre Rome ; les députés[1] eurent de fréquents entretiens avec Hannibal, dans le but de le rendre suspect au roi, à qui sa présence était agréable, et même utile, à cause de son caractère rusé et de ses talents militaires.

8 Q. Metellus, faisant la guerre contre Jugurtha, gagna les députés que ce prince lui avait envoyés, et obtint d'eux qu'ils le lui livreraient. Il arrêta le même projet avec une seconde ambassade, puis avec une troisième ; mais il ne réussit pas à s'emparer de Jugurtha, parce qu'il voulait qu'on le lui amenât vivant. Toutefois il résulta de cette machination un grand avantage : des lettres qu'il écrivait aux confidents du roi furent interceptées ; et celui-ci, ayant immolé à sa colère tous ces personnages, demeura privé de conseillers, et ne put se faire dans la suite aucun ami.

9 C. César, informé par un prisonnier qu'Afranius et Petreius devaient lever le camp la nuit suivante, résolut de les en empêcher sans fatiguer ses troupes. Il ordonna, quand la nuit fut venue, que l'on criât de plier bagage, que l'on conduisît à grand bruit les bêtes de somme le long des retranchements des ennemis, et que l'on continuât le tumulte, afin que ce départ simulé les retînt dans leur camp.

10 Scipion l'Africain, voulant surprendre des renforts et des convois qui allaient rejoindre Hannibal, envoya à leur rencontre M. Thermus, se disposant lui-même à le suivre pour l'appuyer.

11 Denys, tyran de Syracuse, informé qu'une nombreuse armée de Carthaginois devait débarquer en Sicile pour l'attaquer, fortifia plusieurs châteaux, et donna l'ordre aux troupes qu'il y laissa de les abandonner à l'approche de l'ennemi, et de s'échapper en se repliant secrètement vers Syracuse. Les Carthaginois, une fois maîtres de ces forts, se virent dans la nécessité d'y placer des garnisons ; et Denys, ayant réduit, autant qu'il le désirait, les forces

---

1 Tite-Live rend compte de ce fait (liv. XXXV, ch. 14), et rapporte un entretien qu'aurait eu Hannibal avec son vainqueur, P. Scipion l'Africain, qui faisait partie de l'ambassade. Cf. Cornélius Nepos, *Vie d'Hannibal*, ch. VII-VIII.

de l'ennemi en les disséminant, tandis qu'en réunissant les siennes il s'était fait une armée presque aussi nombreuse que la leur, prit l'offensive et les défit.

12 Agésilas, roi de Lacédémone, allant faire la guerre à Tissapherne[1], feignit de se diriger sur la Carie, comme devant combattre avec plus de succès dans ce pays montueux[2], contre un ennemi qui lui était supérieur en cavalerie. Cette démonstration ayant fait passer Tissapherne lui-même en Carie, Agésilas fit irruption en Lydie, où était la capitale du royaume ; et, prenant au dépourvu les habitants, il s'empara des trésors du roi.

IX. Apaiser les séditions dans l'armée.

1 Le consul A. Manlius, ayant appris que les soldats avaient conspiré dans leurs quartiers d'hiver, en Campanie, pour égorger leurs hôtes et s'emparer de leurs richesses, répandit le bruit qu'ils auraient encore les mêmes quartiers l'hiver suivant. Il sauva la Campanie en déjouant ainsi le complot, et saisit toutes les occasions de sévir contre ceux qui l'avaient tramé.

2 Une sédition dangereuse s'étant élevée parmi des légions romaines, la prudence de Sylla sut en calmer la fureur. Annonçant tout à coup l'approche de l'ennemi, il fit crier aux armes, et donner le signal. Marcher contre l'ennemi fut la pensée de tous les soldats, et l'émeute fut apaisée.

3 Le sénat de Milan ayant été massacré par des soldats, Cn. Pompée, qui craignait de donner lieu à une rébellion en n'appelant que les coupables, les fit venir indistinctement avec ceux qui n'avaient pris aucune part à cette action[3]. N'étant point séparés

1 Machiavel fait allusion (*Art de la guerre*, liv. VI) aux deux derniers exemples de ce chapitre, en les généralisant comme des préceptes souvent applicables.

2 Qui est coupé de monts, de hauteurs (*Littré*)

3 Machiavel (*Art de la guerre*, liv. VI) s'est encore emparé de ce récit pour en faire un précepte : « Un point bien important pour un général, dit-il, c'est de savoir habilement étouffer un tumulte ou une sédition qui se serait élevée parmi ses troupes. Il faut, pour cet effet, châtier les chefs des coupables, mais avec une telle promptitude, que le châtiment soit tombé sur leur tête avant qu'ils aient eu le temps de s'en douter. S'ils sont éloignés de vous, vous manderez en votre présence non seulement les coupables, mais le corps entier, afin que, n'ayant pas lieu de croire que ce soit dans l'intention de les châtier, ils ne cherchent pas à s'échapper, et viennent, au contraire, d'eux-mêmes se présenter à la peine. »

Sextus Julius Frontin

des autres, par conséquent ne se croyant pas appelés à cause de leur crime, les coupables comparurent avec moins de méfiance ; et ceux qui n'avaient rien à se reprocher, veillèrent à la garde des coupables, de peur d'être taxés de complicité s'ils les laissaient fuir.

4 Des légions de l'armée de C. César s'étant révoltées, au point de manifester l'intention d'attenter à la vie de leur chef, il dissimula sa crainte, s'avança vers les soldats, et, comme ils demandaient leur congé, il le leur donna sur-le-champ, d'un air menaçant. À peine l'eurent-ils obtenu, que le repentir les força de faire leur soumission à leur général, auquel ils furent dès lors plus dévoués qu'auparavant.

X. Comment on refuse le combat aux soldats, quand ils le demandent intempestivement.

1 Q. Sertorius, sachant par expérience qu'il ne pouvait résister aux forces réunies des Romains, et voulant le prouver aux barbares ses alliés, qui demandaient témérairement le combat, fit amener en leur présence deux chevaux, l'un plein de vigueur, l'autre extrêmement faible, auprès desquels il plaça deux jeunes gens qui offraient le même contraste, l'un robuste, l'autre chétif ; et il ordonna au premier d'arracher d'un seul coup la queue entière du cheval faible, au second de tirer un à un les crins du cheval vigoureux. Le jeune homme chétif s'étant acquitté de sa tâche, tandis que l'autre s'épuisait à force de tirer la queue du cheval faible : « Soldats, s'écrie Sertorius, je vous ai montré par cet exemple ce que sont les légions romaines ; invincibles quand on les prend en masse, elles seront bientôt affaiblies et taillées en pièces, si elles sont attaquées séparément. »

2 Ce même chef, à qui les soldats demandaient inconsidérément le combat, craignant qu'ils n'enfreignissent ses ordres, s'il refusait plus longtemps, permit, à un détachement de cavalerie d'aller attaquer l'ennemi ; et, quand il vit cette troupe plier, il en envoya successivement d'autres pour la soutenir, puis il les fit rentrer toutes dans le camp. Alors il montra à l'armée entière, sans avoir essuyé de perte, quel pouvait être le résultat de la bataille qu'elle avait demandée. Elle eut désormais pour lui la plus grande soumission.

3 Agésilas, roi de Lacédémone, dont le camp était placé sur le

bord d'une rivière, en face de celui des Thébains, s'étant aperçu que l'armée ennemie était beaucoup plus nombreuse que la sienne, et voulant ôter à ses soldats le désir de livrer bataille, leur annonça que les réponses des dieux lui ordonnaient de combattre sur les hauteurs. Alors il laissa une faible troupe vers le fleuve, et gagna la colline. Les Thébains, prenant cette manœuvre pour un effet de la crainte, traversent la rivière, mettent facilement en fuite ceux qui en défendaient le passage ; mais, s'étant élancés avec trop d'ardeur vers le reste de l'armée, ils ont le désavantage du terrain, et sont défaits par des troupes inférieures en nombre.

4 Scorylon, général des Daces, sachant bien qu'une guerre civile divisait les Romains, mais ne jugeant pas à propos de les attaquer, parce qu'une guerre étrangère pouvait rétablir la concorde entre les citoyens, mit aux prises deux chiens en présence de ses compatriotes ; et, tandis que ces animaux se battaient avec le plus d'acharnement, il leur montra un loup, sur lequel ils se jetèrent aussitôt, déposant leur animosité réciproque. Par cet apologue, il dissuada les barbares d'opérer une attaque qui aurait tourné au profit des Romains.

XI. Comment l'armée doit être excitée au combat.

1 Pendant la guerre contre les Étrusques, l'armée des consuls M. Fabius et Cn. Manlius s'étant mutinée, et se refusant à combattre, ces chefs affectèrent eux-mêmes de temporiser, jusqu'à ce que les soldats, irrités des insultes de l'ennemi, eurent demandé le combat, et juré d'en revenir victorieux.

2 Fulvius Nobilior, étant dans la nécessité de livrer bataille, avec peu de monde, à une armée de Samnites, nombreuse et fière de ses succès, feignit d'avoir gagné une des légions ennemies ; et, pour en convaincre ses troupes, il prescrivit aux tribuns, aux premiers officiers et aux centurions, de lui apporter tout ce qu'ils avaient d'argent comptant, ou d'objets d'or et d'argent, pour payer les transfuges, promettant d'ajouter, après la victoire, d'amples récompenses au remboursement des sommes prêtées. Les Romains le crurent, engagèrent sur-le-champ le combat avec autant d'ardeur que de confiance, et remportèrent une éclatante victoire.

3 C. César, étant sur le point de combattre les Germains commandés par Arioviste, et voyant le courage de ses troupes abattu, les rassembla et leur dit que dans cette circonstance la dixième légion seule marcherait à l'ennemi. Par là, il stimula cette légion, en lui rendant le témoignage qu'elle était la plus brave, et fit craindre aux autres de lui laisser à elle seule cette glorieuse renommée.

4 Q. Fabius, convaincu que les Romains avaient trop de fierté pour ne pas s'irriter d'un affront, et n'attendant rien de juste ni de modéré de la part de Carthage, envoya[1] des députés dans cette ville pour proposer la paix. Ils en rapportèrent des conditions pleines d'injustice et d'insolence ; et dès lors l'armée romaine ne respira plus que le combat.

5 Agésilas, ayant établi son camp près d'Orchomène, ville alliée de Lacédémone, et apprenant que la plupart de ses soldats allaient déposer dans cette place ce qu'ils avaient de plus précieux, défendit aux habitants de rien recevoir de ce qui appartenait à son armée : il pensait que le soldat combattrait avec plus d'ardeur, quand il se verrait dans la nécessité de défendre tout ce qu'il possédait.

6 Épaminondas, général des Thébains, étant sur le point de livrer bataille aux Lacédémoniens, et voulant tirer parti, non seulement de la vigueur, mais encore de toutes les affections de ses soldats, leur annonça en pleine assemblée que les Lacédémoniens avaient résolu, s'ils étaient vainqueurs, de massacrer les hommes à Thèbes, d'emmener comme esclaves les femmes et les enfants, et de raser la ville. Cette nouvelle exaspéra les Thébains, qui, au premier choc, mirent les Lacédémoniens en déroute.

7 Leutychidas, général lacédémonien, étant sur le point de combattre, le jour même que ses alliés[2] gagnaient une bataille navale, déclara à ses soldats, pour leur inspirer plus d'ardeur, et bien qu'il

---

1 Ce n'est pas Fabius qui envoya l'ambassade, mais il en fit partie, et montra au milieu des sénateurs carthaginois toute l'énergie d'un Romain. Voyez Tite-Live, liv. XXI, Ch. l8 ; Polybe, liv. III, Ch. 2.

2 Quelques éditions portent *Xerxem*. J'ai suivi la leçon d'Oudendorp et de Schwebel, qui ont reculé devant l'accord des manuscrits, en imputant à Frontin l'erreur historique qui frappe ici dans le texte. Leutychidas était sur mer, et ce fut lui qui remporta, à Mycale, la victoire attribuée par Frontin aux alliés. De leur côté, ceux-ci, sous le commandement de Pausanias, gagnèrent la bataille de Platée. Voyez Hérodote, liv. IX, ch. 58 et suiv. ; Justin, liv. II, ch. i4 ; Cornelius Nepos, *Vie de Pausanias*, ch. I, et *Vie d'Aristide*, ch. II.

l'ignorât encore, qu'on venait de lui annoncer la victoire des alliés.

8 Dans un combat[1] contre les Latins, A. Postumius, voyant apparaître deux jeunes hommes à cheval, releva le courage des siens en disant que c'étaient Castor et Pollux qui venaient à leur secours, et rétablit ainsi le combat.

9 Archidamus, de Lacédémone, étant en guerre avec les Arcadiens, plaça au milieu de son camp des armes autour desquelles il fit secrètement marcher des chevaux, pendant la nuit. Le lendemain il montra les pas à ses soldats, et leur persuada que Castor et Pollux étaient venus à cheval dans ce lieu pour les soutenir pendant le combat.

10 Périclès, général athénien, aperçut, au moment de livrer bataille, un bois d'où l'on pouvait être en vue des deux armées, bois très épais, vaste et consacré à Pluton. Il y aposta un homme d'une grande taille, augmentée encore par de très hauts cothurnes, et dont le manteau de pourpre et la chevelure inspiraient de la vénération. Debout sur un char attelé de chevaux blancs, cet homme devait, au signal du combat, s'avancer, appeler Périclès par son nom, l'encourager, et lui annoncer que les dieux étaient du côté des Athéniens. À la vue de ce prodige, les ennemis prirent la fuite avant même qu'on lançât le javelot.

11 L. Sylla, voulant inspirer du courage à ses troupes, leur fit croire que les dieux lui révélaient l'avenir. En présence même de toute l'armée, et au moment de sortir du camp pour combattre, il adressait des prières à une petite statue, qu'il avait enlevée à Delphes, et la suppliait de hâter la victoire qu'elle lui avait promise.

12 C. Marius avait auprès de lui une prophétesse[2] de Syrie, dont il feignait de recevoir les prédictions sur l'issue des combats.

13 Q. Sertorius, qui avait une armée de barbares, sans raison et sans discipline, menait à sa suite, dans la Lusitanie, une biche blanche d'une beauté remarquable ; et, afin que ses ordres fussent

---

1 Il s'agit du combat que se livrèrent Postumius et Mallius, ou Mamilius, près du lac Régille. Tite Live, qui donne le récit du combat (liv. II, ch. 19 et 20), ne parle point de cette apparition merveilleuse.

2 On trouve dans Plutarque (Vie de Marius, ch. XVII) des détails sur cette prophétesse, nommée Martha, et plusieurs faits qui donnent à conclure qu'il y avait chez Marius moins de crédulité que d'adresse à profiter des idées superstitieuses de ses troupes.

observés comme s'ils émanaient du ciel, il assurait que cette biche l'avertissait de ce qu'il devait, faire et de ce qu'il devait éviter.

Les ruses de ce genre ne peuvent être employées que lorsqu'on connaît l'ignorance et la superstition des hommes auxquels on s'adresse ; mais il est bien préférable d'en imaginer qui soient de nature à pouvoir être prises réellement pour des manifestations divines.

14 Alexandre le Grand, au moment d'offrir un sacrifice, se servit d'une teinture pour tracer dans la main que l'aruspice allait porter sur les entrailles des victimes, certaines lettres qui signifiaient qu'il serait vainqueur. Le foie, encore chaud, ayant reçu promptement ces caractères, Alexandre les fit voir aux soldats, et accrut par là leur courage, comme si un dieu lui eût promis la victoire.

15 L'aruspice Sudinès en fit autant, lorsqu'Eumène était sur le point de livrer bataille aux Gaulois.

16 Épaminondas, général thébain, persuadé que ses troupes marcheraient avec plus de confiance contre les Lacédémoniens, si un motif religieux les animait, enleva pendant la nuit les armes suspendues en trophées dans les temples, et fit entendre aux soldats que les dieux les suivaient pour les secourir dans le combat.

17 Agésilas, roi de Lacédémone, ayant fait quelques prisonniers aux Perses, dont l'aspect est effrayant quand ils ont leur costume de guerre, les mit à nu, et montra leurs corps blancs et délicats à ses troupes, afin qu'elles n'eussent que du mépris pour de pareils soldats.

18 Gélon, tyran de Syracuse, ayant fait dans une guerre contre les Carthaginois, un grand nombre de prisonniers, choisit les plus faibles, surtout parmi les auxiliaires, qui étaient très noirs, et les fit paraître nus en présence de ses soldats, pour exciter leur mépris.

19 Cyrus, roi de Perse, voulant donner du courage à ses sujets, les fatigua toute une journée à couper une forêt ; puis, le lendemain, il leur fit préparer un festin somptueux, et leur demanda laquelle de ces deux journées ils préféraient. Tous s'étant prononcés pour le plaisir présent : « Eh bien, dit-il, c'est par la première des deux conditions que vous parviendrez à celle-ci ; car vous ne pouvez être libres et heureux qu'après avoir vaincu les Mèdes. » Ce fut ainsi qu'il leur inspira le désir de combattre.

20 L. Sylla, devant livrer bataille, près du Pirée, à Archelaüs, général de Mithridate, et voyant que ses troupes manquaient d'ardeur, les contraignit, en les fatiguant par des travaux, à demander elles-mêmes le signal du combat.

21 Fabius Maximus, qui craignait que ses soldats ne combattissent pas avec assez d'ardeur, dans l'espoir de trouver un refuge sur leurs vaisseaux, y fit mettre le feu avant d'engager l'action.

XII. Rassurer les soldats, quand ils sont intimidés par de mauvais présages.

1 Scipion, arrivant d'Italie en Afrique avec son armée, tomba au sortir de son vaisseau, et, voyant ses soldats effrayés de cet événement, sut, par son courage et sa présence d'esprit, trouver dans cette circonstance un motif d'exhortation : « Soldats, s'écria-t-il, réjouissez-vous : je tiens sous moi l'Afrique ! »

2 C. César, étant tombé au moment où il montait sur son navire, s'écria : « Ô terre, ma mère, je te tiens ! »[1] voulant faire entendre par là qu'il reviendrait dans ce pays dont il s'éloignait.

3 Le consul T. Sempronius Gracchus[2] s'avançait en bataille contre les Picentins, lorsqu'un tremblement terre jeta tout à coup l'épouvante dans les deux armées. Il exhorta les siens, les rassura ; et, les ayant déterminés à fondre sur l'ennemi, que la superstition tenait abattu, il donna l'attaque, et fut vainqueur.

4 Dans l'armée de Sertorius, les boucliers de la cavalerie, par un prodige soudain, parurent ensanglantés à l'extérieur, ainsi que le poitrail des chevaux. Ce général déclara que c'était un présage de victoire, parce que ces objets se couvrent ordinairement du sang de l'ennemi.

---

1 « *Teneo te, terra mater.* » Suétone raconte ainsi le fait (*Vie de J. César*, ch. LIX) : « Prolapsus etiam in egressu navis, verso in melius omine, *Teneo te*, inquit, *Africa.* » Des commentateurs ont pensé que Frontin avait confondu ces paroles de César avec celles qu'il attribue à Scipion dans le paragraphe précédent. Il est certain, dans tous les cas, que les mots *teneo te* ne sont pas dans un rapport bien direct avec l'intention attribuée ici par Frontin à César, de revenir dans le pays d'où il partait. J'ai dû, quant à moi, traduire conformément au texte.
2 Il y a ici une erreur de nom : ce n'est pas T. Sempronius Gracchus, mais P. Sempronius Sophus, qui battit les Picentins, après avoir rassuré ses troupes sur un tremblement de terre. Voyez FLORUS, liv. I, ch. 19.

5 Épaminondas, voyant ses troupes effrayées de ce qu'une banderole, qui était suspendue à sa lance comme ornement, avait été enlevée par le vent et jetée sur le tombeau d'un Lacédémonien, leur dit : « Soldats, cessez de craindre ; voilà qui annonce la mort des Lacédémoniens : nous parons les tombeaux pour leurs funérailles. »

6 Un météore enflammé, tombé du ciel pendant la nuit, effrayait les soldats qui l'avaient aperçu : « C'est, leur dit Épaminondas, une lumière que la bonté des dieux nous envoie. »

7 Le même général était au moment d'en venir aux mains avec les Lacédémoniens, lorsque le siège sur lequel il était assis se brisa, ce qui fut, pour le commun des soldats, un événement de sinistre présage : « Allons, s'écria-t-il, nous ne pouvons plus rester assis. »

8 C. Sulpicius Gallus, craignant qu'une éclipse, qui était prochaine, ne fût considérée par les soldats comme un mauvais présage, la leur prédit[1], et leur expliqua les causes et les lois de ce phénomène.

9 Pendant qu'Agathocle, de Syracuse, faisait la guerre aux Carthaginois, il y eut une semblable éclipse de lune[2], dont les soldats furent effrayés comme d'un prodige, il leur expliqua cet événement, et leur apprit à le considérer, quel qu'il fût, comme un phénomène naturel, qui n'avait aucun rapport avec leurs desseins.

10 La foudre était tombée dans le camp de Périclès et avait effrayé ses soldats. Il convoqua l'assemblée, puis, en présence de tous, il choqua des pierres l'une contre l'autre, en fit jaillir du feu, et mit fin à l'épouvante, en montrant que la foudre s'élance de la même manière du sein des nuages en conflit.

11 Timothée, général athénien, était sur le point d'engager un

---

1 D'après Tite-Live (liv. XLIV, ch. 37), Sulpicius annonça cette éclipse pendant le jour, pour la nuit suivante, en précisant l'heure à laquelle devait commencer le phénomène, et l'instant où il finirait. L'événement ayant été conforme à cette prédiction, les soldats regardèrent la science de Sulpicius comme une inspiration divine. Ce fait s'accomplissait l'an 68 avant notre ère, et, selon Pline (Hist. Nat, liv. 11, ch. 9), Sulpicius Gallus fut le premier Romain qui expliqua la raison des éclipses de soleil et de lune. À une époque beaucoup plus reculée (583 ans avant J.-C.), Thalès de Milet avait prédit l'éclipse de soleil qui eut lieu sous le règne d'Alyatte.

2 Selon Justin (liv. XXII, ch. 6), ce fut une éclipse de soleil ; et Diodore de Sicile, qui affirme la même chose (liv. XX, ch. 5), ajoute que l'obscurité fut assez complète pour que l'on pût, au milieu de la journée, apercevoir les étoiles.

combat naval avec les Corcyréens[1], et déjà sa flotte se mettait en mouvement, lorsque son pilote donna le signal de la retraite, pour avoir entendu un des rameurs éternuer : « Tu es étonné, lui dit Timothée, que parmi tant de milliers d'hommes, il y en ait un qui soit enrhumé ? »

12 Un autre Athénien, Chabrias, vit, au moment de combattre sur mer, la foudre tomber devant son navire, ce qui fut un prodige effrayant aux yeux de ses soldats : « Profitons de cet instant, leur dit-il, pour commencer le combat : car Jupiter, le plus grand des dieux, nous montre que sa puissance vient au secours de notre flotte. »

LIVRE SECOND
PRÉFACE.

Après avoir mis en ordre, dans le premier livre, les exemples qui peuvent, à mon avis, éclairer un général sur ce qu'il doit faire avant le combat, je vais donner maintenant ceux qui se rapportent à l'action elle-même, et enfin ceux qui en concernent les suites.

Les exemples relatifs au combat se divisent comme il suit :

Chapitres

I Choisir le moment pour combattre.

II Choisir le lieu pour le combat.

III De l'ordre de bataille.

IV Déconcerter les dispositions de l'armée ennemie.

V Des embûches.

VI Laisser fuir l'ennemi, de peur que, se voyant enfermé, il ne rétablisse le combat par désespoir.

VII Cacher les événements fâcheux.

VIII Rétablir le combat par un acte de fermeté.

Voici maintenant, selon moi, ce qu'il convient de faire après le

1 Erreur historique. Timothée fut envoyé par les Athéniens, non contre les Corcyréens, mais bien à leur secours, contre les Lacédémoniens, comme le rapporte Diodore de Sicile, liv. XV, ch. 47. Cf. Polyen, liv. VI, ch. 10, § 2.

« Les anciens généraux, dit Machiavel (Art de la guerre, liv. VI) avaient à vaincre une difficulté qui n'existe pas pour les généraux modernes, c'était d'interpréter à leur avantage des présages sinistres. »

combat :

IX Si les débuts de la guerre oui été heureux. il faut achever la victoire.

X Si l'on a essuyé des revers, il faut y remédier.

XI Maintenir dans le devoir ceux dont la fidélité est douteuse.

XII Ce qu'il faut faire pour la défense du camp, lorsqu'on n'a pas assez de confiance en ses forces.

XIII De la retraite.

I. Choisir le moment pour combattre.

1 P. Scipion, en Espagne, ayant appris qu'Hasdrubal, général des Carthaginois, s'avançait contre lui en bataille, dès le matin, avec des troupes qui étaient à jeun, retint les siennes dans le camp jusqu'à la septième heure, leur fit prendre du repos et de la nourriture ; puis, quand l'ennemi, pressé par la faim et la soif, et fatigué d'avoir été longtemps sous les armes, se mit à regagner son camp, Scipion fit tout à coup sortir son armée[1], engagea le combat, et remporta la victoire.

2 Metellus Pius, ayant affaire à Hirtuleius, en Espagne, et voyant que celui-ci s'était approché de ses retranchements dès la pointe du jour, avec son armée rangée en bataille, dans le temps le plus chaud de l'été, se tint renfermé dans le camp jusqu'à la sixième heure du jour ; et, avec ses troupes ainsi ménagées et fraîches, il défit aisément un ennemi que l'ardeur du soleil avait abattu.

3 Le même chef, après avoir combiné ses forces avec celles de Pompée contre Sertorius, en Espagne, avait souvent offert la bataille à ce dernier, qui la refusait parce qu'il se croyait trop faible contre deux. Quelque temps après, s'étant aperçu que les soldats de Sertorius manifestaient un violent désir de combattre élevant les bras et agitant leurs lances, il pensa qu'il ne devait pas, pour le moment, s'exposer à tant d'ardeur : il fit retirer ses troupes, et conseilla à Pompée d'en faire autant.

1 Il y a dans ce récit une inexactitude. Scipion avait fait sortir des troupes dès la pointe du jour ; mais ce ne fut que vers la septième heure qu'il engagea l'action sur toute sa ligne de bataille. Voyez Tite-Live, liv. XXVIII, ch. 14 et 15.
Tous les livres de tactique ancienne recommandent de faire prendre le repas aux soldats avant la bataille

4 Le consul Postumius avait, en Sicile, son camp à trois milles de celui des Carthaginois, et chaque jour les généraux ennemis se présentaient avec leur armée jusque sous ses retranchements, dont il leur défendait l'approche en ne leur opposant jamais que de faibles détachements. Déjà cette habitude excitait le mépris des Carthaginois, lorsque Postumius, retenant au camp ses troupes reposées et prêtes à combattre, soutint comme auparavant, avec un petit nombre de soldats, l'incursion des ennemis, et les arrêta même plus longtemps qu'à l'ordinaire. Puis, au moment où ceux-ci, fatigués et pressés par la faim, commençaient à se retirer, vers la sixième heure, le consul, avec ses troupes fraîches, mit en déroute cette armée déjà épuisée, comme nous l'avons dit.

5 Iphicrate, général athénien, étant informé que les ennemis prenaient leur repas tous les jours à la même heure, ordonna à ses troupes d'avancer le leur, puis il les rangea en bataille. Il prit ainsi l'ennemi à jeun, et le tint en échec sans engager le combat, et sans lui permettre de se retirer. Enfin, au déclin du jour, il fit rentrer ses troupes, mais les retint sous les armes. Les ennemis, fatigués d'avoir été sur pied, et souffrant de la faim, coururent aussitôt prendre du repos et de la nourriture ; et, au moment où ils n'étaient plus sur leurs gardes, Iphicrate sortit de nouveau, et alla les surprendre dans leur camp.

6 Le même, faisant la guerre aux Lacédémoniens, avait depuis plusieurs jours son camp tout près du leur, et les deux armées allaient habituellement, à de certaines heures, chercher du fourrage et du bois. Il y envoya un jour les esclaves, ainsi que les valets d'armée, déguisés eu soldats, et retint les soldats dans ses retranchements. Lorsque les ennemis se furent dispersés pour faire de semblables approvisionnements, il s'empara de leur camp ; et tandis que, sans armes et chargés de fardeaux, ils revenaient attirés par le bruit, il les tua ou les prit facilement.

7 Le consul Virginius, dans la guerre contre les Volsques, voyant ceux-ci fondre sur lui de loin et en confusion, ordonna à ses soldats de s'arrêter et de tenir le javelot en terre. Les Volsques, arrivant hors d'haleine, furent bientôt mis en déroute par les troupes reposées du consul.

8 Fabius Maximus, sachant que les Gaulois et les Samnites[1] excel-

1 Les Gaulois étaient venus au secours des Samnites. Ce fut dans cette affaire, ra-

laient au premier choc, tandis que le courage de ses soldats était infatigable, et s'échauffait même dans la durée du combat, prescrivit à ceux-ci de se borner à soutenir la première attaque, et de fatiguer l'ennemi en traînant l'action en longueur. Ce moyen ayant réussi, il fit avancer les réserves ; et, reprenant l'offensive avec toutes ses forces, il mit en fuite l'ennemi dès la première charge.

9 À la bataille de Chéronée, Philippe, se rappelant qu'il avait des troupes endurcies par une longue expérience de la guerre, tandis que celles des Athéniens, braves mais peu exercées, n'avaient de force que dans la première attaque, fit à dessein prolonger le combat ; et, aussitôt qu'il vit les Athéniens se ralentir, il fondit sur eux avec plus de vigueur, il les tailla en pièces.

10 Les Lacédémoniens, avertis par des espions que les Messéniens étaient enflammés de fureur, à tel point qu'ils descendaient dans la plaine pour livrer bataille, suivis de leurs femmes et de leurs enfants, différèrent d'en venir aux mains.

11 Pendant, la guerre civile. C. César tenait l'armée d'Afranius et de Petreius assiégée, sans qu'elle pût avoir de l'eau. Exaspérée dans sa détresse, elle avait tué toutes ses bêtes de charge, et était descendue dans la plaine pour offrir la bataille. César retint ses troupes, jugeant défavorable le moment où l'ennemi était poussé par la colère et par le désespoir.

12 Cn. Pompée, voulant faire accepter la bataille à Mithridate, qui fuyait devant lui, choisit la nuit pour lui couper la retraite et pour combattre. Il fit à cet effet ses dispositions, et mit tout à coup l'ennemi dans la nécessité d'en venir aux mains. Il eut même la précaution de disposer ses troupes de manière que celles du roi de Pont fussent éblouies par la clarté de la lune, qu'elles avaient en face, et qui les faisait voir à découvert.

13 On sait que Jugurtha, qui avait éprouvé le courage des Romains, ne leur livrait bataille que vers le déclin du jour, afin que, si les siens étaient mis en fuite, ils pussent, à la faveur de la nuit, se dérober à la poursuite de l'ennemi.

14 Lucullus, ayant en tête Mithridate et Tigrane, près de Tigranocerte, dans la Grande Arménie, ne comptait pas plus de

---

contée par Tite-Live (liv. X, ch. 28 et 29, que Decius, collègue de Fabius, se dévoua d'une manière héroïque.

quinze mille combattants dans son armée, tandis que les troupes ennemies étaient innombrables, mais, par cela même, difficiles à faire manœuvrer. Profitant de cet inconvénient, Lucullus les attaqua avant qu'elles fussent rangées en bataille, et les mit si promptement en déroute, que les deux rois eux-mêmes prirent la fuite, après s'être dépouillés de leurs insignes.

16 Dans une guerre contre les Pannoniens, Tibère Néron, ayant vu les barbares s'avancer fièrement au combat dès la pointe du jour, retint ses troupes au camp, laissant les ennemis à la merci du brouillard et de la pluie, qui, ce jour-là, tombait en abondance.

Enfin, quand il jugea qu'ils étaient fatigués d'être sur pied, et que cette fatigue même, aussi bien que la pluie, avait abattu leur courage, il donna le signal, les chargea et les défit.

17 C. César, pendant la guerre des Gaules, informé qu'Arioviste, roi des Germains, observant une coutume qui était comme une loi aux yeux de ses soldats, s'abstenait de combattre pendant le décours de la lune, choisit ce moment pour l'attaquer[1], et défit cet ennemi enchaîné par la superstition.

18 L'empereur Auguste Vespasien livra bataille aux Juifs le jour du sabbat[2], pendant lequel il leur est défendu de rien faire d'important, et les vainquit.

19 Lysandre, commandant les Spartiates contre les Athéniens à Ægos-Potamos, allait souvent, à certaine heure, inquiéter la flotte ennemie, et faisait ensuite retirer la sienne. Cette manœuvre étant devenue tout à fait habituelle, les Athéniens, après sa retraite, se dispersaient à terre pour leur approvisionnement. Un jour Lysandre fit, comme de coutume, avancer et revenir ses vaisseaux ; et, quand la plupart des Athéniens se furent séparés, il retourna sur ceux qui restaient, les tailla en pièces, et s'empara de tous leurs navires.

---

1 « La bataille contre Arioviste a été donnée dans le mois de septembre, et du côté de Belfort. » (Napoléon.)

2 Il semble que cet artifice doive être plutôt attribué à Titus, qui prit Jérusalem. On peut consulter, pour la pratique du sabbat, Dion Cassius, ch. LXVI ; Tacite. Hist., liv. V, ch. 4 ; Justin, liv. XXXVI, ch. 2.

Si l'on en croit Josèphe, les Juifs avaient depuis longtemps obtenu de leurs chefs la permission de combattre le jour du sabbat, parce que leurs ennemis pouvaient profiter de leur observance scrupuleuse pour les attaquer.

II. Choisir le lien pour le combat.

1 M. Curius, voyant l'impossibilité de résister à la phalange de Pyrrhus[1], quand elle était déployée, fit en sorte de la combattre dans un lieu étroit, où les rangs trop pressés devaient s'embarrasser eux-mêmes.

2 Cn. Pompée, en Cappadoce, choisit pour, son camp une hauteur, d'où ses troupes, secondées dans leur élan par la pente du terrain, fondirent sur l'armée de Mithridate, et remportèrent facilement la victoire.

3 C. César, ayant à combattre Pharnace, fils de Mithridate, rangea son armée sur une colline, ce qui lui valut une prompte victoire : car les javelots, lancés d'en haut sur les barbares, qui montaient à l'attaque, leur firent sur-le-champ prendre la fuite.

4 Lucullus, au moment de livrer bataille à Mithridate et à Tigrane près de Tigranocerte, dans la Grande Arménie, se hâta d'occuper, avec une partie de ses troupes, un plateau couronnant une hauteur voisine, d'où il fondit sur les ennemis, qui étaient plus bas. Il prit en flanc leur cavalerie, la mit en déroute, et, l'ayant culbutée sur leur infanterie, qu'elle écrasa, il obtint une éclatante victoire.

5 À l'approche des Parthes, Ventidius ne fit sortir son armée du camp que lorsque ces barbares ne furent plus qu'à cinq cents pas de lui. Alors, courant soudainement à leur rencontre, il s'approcha tellement, que les flèches, qui ne peuvent servir que de loin, leur furent inutiles, et que l'on combattit corps à corps. Cet artifice, joint à l'assurance qu'il avait montrée dans l'attaque, lui donna bientôt la victoire sur ces barbares.

6 Hannibal, sur le point d'en venir aux mains avec Marcellus, près de Numistron, couvrit son flanc de chemins creux et escarpés ; et, profitant de la disposition du terrain comme d'un retranchement, il vainquit cet illustre capitaine.

7 Près de Cannes, le même général, ayant observé que du lit du Vulturne[2], plus que de tout autre fleuve, il se lève le matin un grand

---

1 Polybe (liv. XVIII, ch. 11) indique l'usage que Pyrrhus faisait de cette phalange, dont on trouve déjà une image du temps d'Homère :

« Les plus braves (des Grecs), rangés en bataille, s'apprêtent à recevoir les Troyens et le divin Hector ; ils se serrent lance contre lance, pavois contre pavois ; le bouclier est uni au bouclier, le casque au casque, le guerrier au guerrier. »

2 Vultarnum. Au lieu de ce mot, il faudrait *Aufidum*, d'après Tite-Live (liv. XXII,

vent qui lance des tourbillons de sable et de poussière, rangea son armée de manière que toute la violence de ce vent, qu'elle recevait par derrière, donnât dans le visage et dans les yeux des Romains. Admirablement secondé par un désavantage qu'il tournait ainsi contre l'ennemi, il remporta une victoire mémorable.

8 Marius, se disposant à livrer bataille aux Cimbres et aux Teutons le jour qui avait été fixé, fit prendre de la nourriture à ses troupes pour leur donner des forces, et les plaça devant son camp, afin que l'armée ennemie, plutôt que la sienne, se fatiguât en parcourant l'espace qui les séparait. Il mit encore un autre désavantage du côté des Cimbres : d'après la disposition de sa ligne de bataille, les barbares recevaient en face le soleil, le vent et la poussière.

9 Cléomène, roi de Sparte, ayant en tête Hippias, général athénien, qui lui était supérieur en cavalerie, joncha d'arbres coupés la plaine[1] dans laquelle il voulait combattre, et la rendit inaccessible aux chevaux.

10 Les Ibères, surpris par une armée nombreuse, en Afrique[2], et craignant d'être enveloppés, s'adossèrent à un fleuve qui, en cet endroit, coulait entre des rives élevées. Ainsi défendus d'un côté par le fleuve, étant d'ailleurs les plus braves, ils firent successivement des charges sur les troupes qui s'approchaient le plus, et détruisirent ainsi toute l'armée ennemie.

11 Le Lacédémonien Xanthippe, en choisissant d'autres lieux pour combattre, changea par cela seul la fortune de la première guerre Punique. En effet, étant appelé comme mercenaire à Carthage, où l'on perdait déjà tout espoir, et sachant que les Africains, dont la cavalerie et les éléphants faisaient la principale force, recherchaient

ch. 43-46).
Les inconvénients du soleil, du vent, de la pluie, etc., qui sont l'objet d'une recommandation absolue de la part de Végèce (liv. III, ch. 13), ont paru trop peu importants à plusieurs écrivains modernes. Il y a cependant un grand nombre de faits accomplis dans nos dernières guerre, qui viennent à l'appui de l'ancien précepte : nous n'en citerons qu'un. Pendant la campagne de France, le 27 mars 1814, à Connantray, la cavalerie de la garde russe, profitant d'une giboulée qui fouettait violemment le front de l'armée du duc de Raguse et du duc de Trévise, fit une charge générale, et mit les Français en déroute, en leur prenant vingt-quatre pièces de canon.
1 Les tacticiens ont de tout temps recommandé les stratagèmes de ce genre : Miltiade en donna un exemple à Marathon. Voyez Cornelius Nepos, *Vie de Miltiade*, ch. V.
2 Ces Ibères étaient sans doute des Espagnols mercenaires au service de Carthage.

les hauteurs, tandis que l'armée romaine, supérieure en infanterie, se tenait en rase campagne, il y conduisit aussi les Carthaginois ; et là, ayant, au moyen des éléphants, jeté le désordre dans les rangs des Romains, il les dispersa, mit à leur poursuite la cavalerie numide, et tailla en pièces une armée jusqu'alors victorieuse sur terre et sur mer.

12 Épaminondas, général thébain, prêt à s'avancer en bataille contre les Lacédémoniens, fit courir sur le front de son armée des cavaliers qui élevèrent un nuage immense de poussière devant les yeux de l'ennemi ; et, pendant que celui-ci s'attendait à un engagement de cavalerie, Épaminondas, faisant un circuit avec son infanterie, se posta de manière à pouvoir prendre à dos les Lacédémoniens, fondit sur eux à l'improviste, et les tailla en pièces.

13 Contre l'armée innombrable des Perses, trois cents Spartiates défendirent le pas des Thermopyles, défilé où seulement un pareil nombre d'ennemis pouvaient les combattre de près. Ainsi égaux en nombre aux barbares, quant à la facilité d'en venir aux mains, mais plus braves qu'eux, ils en tuèrent une grande partie ; et ils n'auraient pas été vaincus, si les Perses, guidés par le traître Ephialte, de Trachinie, ne les eussent pas surpris par derrière.

14 Thémistocle, général athénien, voyant que le parti le plus utile à prendre, de la part des Grecs, contre la flotte immense de Xerxès, était de livrer bataille dans le détroit de Salamine, et ne pouvant y déterminer ses concitoyens, amena les barbares, au moyen d'une ruse, à mettre les Grecs dans la nécessité de profiter de leurs avantages. Par une trahison simulée, il envoya un messager à Xerxès, pour l'avertir que les Grecs alliés songeaient à se retirer, et qu'il rencontrerait trop de difficultés s'il fallait qu'il assiégeât leurs villes l'une après l'autre. Ce stratagème réussit d'abord à ôter le repos aux barbares, qui furent pendant toute la nuit sur leurs gardes et en observation ; puis à obliger les Grecs, dont les forces étaient entières, à combattre avec les barbares, fatigués de leur veille, dans un lieu étroit, comme il le désirait, où Xerxès ne pouvait tirer avantage des nombreux vaisseaux qui faisaient sa force.

III. De l'ordre de bataille.

1 Cn. Scipion, prêt à en venir aux mains avec Hannon, devant

Intibili, en Espagne, s'aperçut que l'armée carthaginoise était rangée de manière que l'aile droite se composait d'Espagnols, soldats vigoureux, mais étrangers à la cause qu'ils défendaient, tandis qu'à la gauche étaient les Africains, hommes moins robustes, mais d'un courage plus ferme. Il ramena en arrière son aile gauche ; puis avec la droite, où se trouvaient ses meilleures troupes, il attaqua obliquement[1] l'ennemi, et quand il eut défait et mis en fuite les Africains, il obligea facilement les Espagnols, qui s'étaient tenus en arrière comme spectateurs, à capituler.

2 Philippe, roi de Macédoine, faisant la guerre aux Illyriens, et s'étant aperçu qu'ils avaient réuni leurs meilleurs soldats au centre de leur armée, et que les ailes étaient plus faibles, plaça à sa droite l'élite de ses troupes, fondit sur l'aile gauche des ennemis, jeta le désordre dans toute leur armée, et remporta la victoire.

3 Pamménès, de Thèbes, ayant observé l'armée des Perses, dont l'aile droite était composée de leurs troupes les plus vigoureuses, rangea la sienne de la même manière, en mettant à droite toute sa cavalerie avec l'élite de l'infanterie, et en opposant aux meilleurs soldats de l'ennemi les plus faibles des siens, auxquels il donna l'ordre de lâcher pied dès la première attaque, et de se retirer dans des lieux couverts de bois et peu accessibles. Ayant ainsi rendu inutiles les principales forces des Perses, lui-même, avec ses meilleures troupes placées à l'aile droite, enveloppa leur armée et la mit

---

1 Cette manière d'attaquer *de biais* l'ennemi n'est autre chose que ce qu'on nomme aujourd'hui l'*ordre oblique*. Il consiste à réunir des forces considérables contre un point quelconque de la ligne ennemie, de manière à l'anéantir sur ce point, ou à la couper pour la prendre ensuite en flanc et à revers, s'il est possible. Épaminondas passe pour le premier général qui ait adopté ce système d'attaque, auquel il fut redevable des victoires de Leuctres et de Mantinée. On l'appelle *oblique*, par opposition à l'ordre *parallèle*, habituellement suivi dans l'antiquité, mais abandonné aujourd'hui. Il y a plusieurs manières d'employer l'ordre oblique : on peut donner sur un point du front de bataille de l'armée ennemie, ou sur deux points à la fois, comme fit Napoléon à Austerlitz, : ou bien on tentera d'enfoncer le centre et de tourner une aile. C'était la manœuvre de prédilection de l'empereur, à qui elle réussit pleinement à Wagram. Quelquefois, enfin, on attaque simultanément les deux ailes, en les débordant et en les tournant. C'est ce que firent les armées alliées à Leipzig, dans la désastreuse journée du 18 octobre, contre les Français, dont le nombre, il est vrai, égalait à peine le tiers de celui des ennemis.
Plusieurs écrivains ont attribué à Frédéric l'honneur d'avoir, le premier parmi les modernes, remis en vigueur l'ordre oblique ; mais il est prouvé que plusieurs généraux de Louis XIV, entre autres Turenne et Luxembourg, en avaient déjà fait usage.

Sextus Julius Frontin

en déroute.

4 P. Cornélius Scipion, qui depuis fut surnommé l'Africain, soutenant la guerre en Espagne contre Hasdrubal, général des Carthaginois, sortit du camp plusieurs jours de suite, avec son armée rangée de manière que l'élite en occupait le centre. Mais, comme l'ennemi se présentait aussi constamment dans ce même ordre de bataille, Scipion, le jour où il avait résolu d'en venir aux mains, changea cette disposition en plaçant aux ailes ses plus vaillants soldats, c'est-à-dire les légionnaires, et au centre ses troupes légères, qu'il retint en arrière des autres. Ainsi disposées en forme de croissant, les ailes, où étaient ses principales forces, attaquèrent l'armée ennemie par les parties les plus faibles, et la mirent facilement en déroute.

5 Metellus, lors de la bataille qu'il gagna en Espagne sur Hirtuleius, ayant appris que celui-ci avait mis au centre ses cohortes les plus vigoureuses, ramena en arrière le milieu de son armée, afin qu'il n'y eût aucun engagement sur ce point, avant que les ailes de l'ennemi fussent défaites, et le centre enveloppé de toutes parts.

6 Artaxerxés, opposant aux Grecs, qui étaient entrés dans la Perse, une armée plus nombreuse que la leur, la rangea de manière à les déborder, mettant sur son front de bataille la cavalerie, aux ailes les troupes légères ; et, retardant à dessein la marche du centre, il enveloppa les ennemis et les tailla en pièces.

7 Hannibal, au contraire, à la bataille de Cannes, ayant d'abord ramené les ailes en arrière, et fait avancer le centre, repoussa notre armée dès le premier choc ; et, quand la mêlée fut engagée, tandis que ses ailes, selon l'ordre qu'elles avaient reçu, s'avançaient en se rapprochant l'une de l'autre, il recevait sur le centre la téméraire impétuosité des Romains, qui furent investis et taillés en pièces, résultat dû à la valeur éprouvée des vieux soldats d'Hannibal : car cette ordonnance n'est guère praticable qu'avec des troupes que l'expérience a formées à tous les incidents des combats.

8 Pendant la seconde guerre Punique, Livius Salinator et Claudius Néron, voyant qu'Hasdrubal, pour échapper à la nécessité de combattre, avait posté son armée derrière des vignes, sur une colline de difficile accès, dirigèrent leurs forces vers les deux ailes, laissant le milieu dégarni, enveloppèrent l'ennemi en l'attaquant des deux

côtés, et le défirent.

9 Hannibal, à qui Claudius Marcellus faisait essuyer de fréquentes défaites, avait pris le parti, dans les derniers temps, de camper soit sur les montagnes, soit près des marais, soit dans d'autres lieux favorables, où son armée occupait de si bonnes positions pour combattre, qu'elle pouvait, si les Romains avaient le dessus, rentrer au camp presque sans perte, et, s'ils lâchaient pied, se mettre selon son gré à leur poursuite.

10 Le Lacédémonien Xanthippe, livrant bataille à M. Attilius Regulus, en Afrique, plaça à la première ligne ses troupes légères, et au corps de réserve l'élite de son armée ; puis il donna l'ordre aux auxiliaires de se retirer aussitôt qu'ils auraient lancé le javelot, et, une fois rentrés dans l'intérieur des lignes, de courir promptement aux deux ailes, et d'en sortir pour envelopper eux-mêmes les Romains, qui alors seraient aux prises avec ses troupes les plus fortes.

11 Sertorius en fit autant en Espagne contre Pompée.

12 Cléandridas, commandant l'armée lacédémonienne contre les Lucaniens, serra son front de bataille afin que son armée parût beaucoup moins nombreuse ; et quand il vit, à cet égard, la confiance de l'ennemi, il étendit ses lignes, l'enveloppa et le mit en déroute.

13 Gastron, général lacédémonien, était venu au secours des Égyptiens contre les Perses. Sachant que les Grecs étaient meilleurs soldats, et inspiraient plus de crainte aux Perses que les Égyptiens, il leur donna les armes de ceux-ci et les plaça aux premiers rangs ; et, comme les Grecs combattaient sans que la victoire se prononçât, il envoya des Égyptiens pour les appuyer, Les Perses, après avoir soutenu l'effort de troupes qu'ils prenaient pour des Égyptiens, lâchèrent pied à la vue d'une armée qui leur semblait être celle des Grecs, dont ils redoutaient l'approche.

14 Cn. Pompée, faisant la guerre en Albanie, et voyant que l'avantage de l'ennemi était dans une cavalerie innombrable, embusqua son infanterie dans un lieu étroit, près d'une colline, et voulut qu'elle couvrît ses armes, dont l'éclat pouvait la trahir. Ensuite il fit avancer sa cavalerie dans la plaine, comme si elle était suivie du reste de l'armée, avec ordre de faire retraite dès la première attaque

de l'ennemi, et de se ranger aux deux ailes lorsqu'on arriverait près de l'infanterie mise en embuscade. Cette manœuvre exécutée, les cohortes, ayant le passage libre, sortirent tout à coup de leur retraite, se jetèrent au milieu des ennemis, qui s'étaient imprudemment avancés, et les taillèrent en pièces.

15 M. Antoine, ayant affaire aux Parthes, qui accablaient son armée d'une grêle de flèches, ordonna à ses soldats de s'arrêter et de former la tortue. Les traits glissèrent par-dessus, et l'ennemi s'épuisa en vains efforts contre les Romains.

16 Hannibal, ayant à combattre Scipion en Afrique, [1] avec une armée composée de Carthaginois et d'auxiliaires, parmi lesquels étaient des soldats de diverses nations, même des Italiens, avait mis devant son front de bataille quatre-vingts éléphants, pour jeter le désordre dans l'armée ennemie, et derrière eux les auxiliaires gaulois, liguriens, baléares et maures. Ces troupes, qui ne pouvaient prendre la fuite parce que les Carthaginois se tenaient derrière elles, devaient, sinon faire éprouver des pertes aux ennemis, du moins les harceler. Les Carthaginois formaient la seconde ligne, pour tomber, encore frais, sur les Romains déjà fatigués. En dernier lieu venaient les Italiens, dont Hannibal suspectait la fidélité et le courage, attendu que la plupart avaient été amenés malgré eux de leur pays. À cette ordonnance de bataille, Scipion opposa ses formidables légions, qu'il rangea sur trois lignes, *hastati*, *principes* et *triarii* ; et, au lieu de les disposer par cohortes entières, il

---

1 Il est utile de voir à côté de cette description, celle de Tite-Live, qui est plus complète, liv. XXX, ch. 33.

On sait que telle était l'ordonnance habituelle des légions romaines. « Rien n'est plus ingénieux que cette disposition, dit M. Rocquancourt (*Cours complet d'art militaire*, t. I, p. 98) ; tout y est calculé, tout y est prévu. D'abord les vélites préludent à l'action, en se portant en avant pour retarder la marche de l'adversaire, découvrir ses intentions, épier ses mouvements, masquer ceux de l'armée, et lui donner le temps de prendre ses mesures. Les soldats de nouvelle levée, les hastaires, combattent en première ligue, sous les yeux de toute l'armée, prête à les applaudir ou à les blâmer. Là il faut faire son devoir ou périr : la fuite est impossible à ceux qui seraient accessibles à la peur. Viennent ensuite les *principes*, plus avancés en âge et plus aguerris que les précédents : dans un clin d'œil ils ont pu remplacer ceux-ci ou combattre avec eux, en les recevant dans les intervalles de leurs rangs, ou plutôt en se portant à leur hauteur. Enfin paraît un troisième et dernier moyen pour enchaîner la victoire, ce sont les triaires, vieux guerriers que d'honorables cicatrices font distinguer des deux premières classes. Combien ne doit-on pas admirer la répartition et l'arrangement de ces différents combattants ! »

laissa entre les manipules des intervalles par lesquels les éléphants, poussés par l'ennemi, devaient franchir les lignes sans rompre les rangs. Afin que l'armée ne présentât pas de vides, ces intervalles étaient remplis par des vélites armés à la légère, auxquels on avait ordonné de se retirer, soit en arrière, soit de côté, à l'approche des éléphants. Enfin la cavalerie était répartie entre les deux ailes : à droite celle des Romains, sous les ordres de Lélius ; à gauche celle des Numides, commandée par Masinissa. Ce fut sans doute à cette sage disposition que, Scipion dut la victoire.

17 Archelaüs, voulant jeter le désordre dans l'armée de L. Sylla, forma sa première ligne avec des chars armés de faux, la seconde avec la phalange macédonienne, et mit à la troisième les auxiliaires, armés à la manière des Romains, et mêlés à des déserteurs italiens dont la résolution lui inspirait beaucoup de confiance ; enfin les troupes légères furent placées à la réserve. Sa cavalerie, qui était très nombreuse, se rangea aux deux ailes, pour envelopper l'ennemi. De son côté, Sylla couvrit ses deux flancs de larges fossés, aux extrémités desquels il établit des redoutes, et, par là, réussit à ne pas être cerné par l'ennemi, qui avait plus d'infanterie, et surtout plus de cavalerie que lui. Il disposa son infanterie sur trois lignes, entre lesquelles il ménagea des intervalles pour ses troupes légères et pour sa cavalerie, qu'il avait placée la dernière, afin de pouvoir la lancer selon le besoin. Puis il ordonna à ceux de la seconde ligne de ficher solidement en terre un grand nombre de pieux rapprochés les uns des autres, en deçà desquels devait rentrer, à l'approche des chars, la première ligne des combattants. Enfin, toute l'armée ayant à la fois poussé un grand cri, il commanda aux vélites et aux troupes légères de lancer leurs flèches. Aussitôt les chars de l'ennemi, soit parce qu'ils s'embarrassaient dans les pieux, soit que les chevaux fussent épouvantés par les cris et par les flèches, retournèrent sur eux-mêmes, et rompirent l'ordre de bataille des Macédoniens. Sylla, les voyant plier, fondit sur eux ; mais Archelaüs lui opposa sa cavalerie : alors celle des Romains s'élança, mit l'ennemi en fuite, et acheva la victoire.

18 C. César arrêta de même, à l'aide de pieux, et rendit inutiles les chars à faux des Gaulois.

19 Alexandre, à la bataille d'Arbelles, craignant le grand nombre des ennemis, mais se fiant au courage de ses troupes, les rangea

de manière que, faisant front de toutes parts, elles pouvaient combattre de quelque côté qu'elles fussent attaquées.

20 Paul Émile, livrant bataille à Persée, roi de Macédoine, qui avait formé son centre d'une double phalange flanquée de troupes légères, et mis sa cavalerie aux deux ailes, disposa son armée sur trois lignes, par détachements formant le coin, et laissant des intervalles d'où il lançait de temps en temps ses vélites. Voyant que cette ordonnance ne lui donnait aucun avantage, il simula une retraite pour attirer l'ennemi dans des lieux inégaux, dont il avait eu soin de s'assurer l'avantage. Mais comme les Lacédémoniens, se méfiant de cette manœuvre, le suivaient en bon ordre, il fit courir à toute bride ses cavaliers de l'aile gauche le long du front de la phalange, afin que, par leur impétuosité même, ils pussent, en présentant leurs armes, abattre les lances des ennemis. Se voyant ainsi désarmés, les Macédoniens quittèrent leurs rangs et prirent la fuite.

21 Pyrrhus, combattant pour les Tarentins, près d'Asculum, suivit le précepte d'Homère[1], qui met au centre les plus mauvais soldats : il plaça à l'aile droite les Samnites et les Épirotes, à la gauche les Bruttiens, les Lucaniens et les Sallentins, au centre les Tarentins, et fit de la cavalerie et des éléphants son corps de réserve. De leur côté, les consuls distribuèrent sagement leur cavalerie aux deux ailes, et rangèrent les légions au front de bataille et à la réserve, en y mêlant les auxiliaires. Il y avait, le fait est constant, quarante mille hommes de part et d'autre. Pyrrhus eut la moitié de son armée détruite, et du côté des Romains la perte ne fut que de cinq mille hommes.

22 Cn. Pompée, rangeant son armée en bataille contre C. César, à Pharsale, la mit sur trois lignes[2], dont chacune avait dix rangs de

---

1 Voici le précepte d'Homère :

« Nestor dispose au premier rang les cavaliers et les chars, et derrière, de nombreux et vaillants fantassins, rempart de l'armée ; entre ces deux lignes il place les plus faibles, afin que, même malgré eux, la nécessité les oblige à combattre. »

2 On trouve le récit bien circonstancié de cette grande bataille dans César, Guerre d'Alexandrie, liv. III, ch. 88 et suiv.

« À Pharsale, César ne perd que deux cents hommes, et Pompée quinze mille. Les mêmes résultats, nous les voyons dans toutes les batailles des anciens, ce qui est sans exemple dans les armées modernes, où la perte en tués et blessés est sans doute plus ou moins forte, mais dans une proportion d'un à trois ; la grande différence entre les pertes du vainqueur et celles du vaincu n'existe surtout que par les prisonniers. Ceci est encore le résultat de la nature des armes. Les armes de jet des anciens faisaient, en profondeur. Il plaça les légions, chacune selon sa valeur, aux ailes et au centre, et remplit avec les recrues les intervalles qu'elles présentaient. À droite, six cents cavaliers étaient postés sur l'Énipée, dans un lieu défendu par le lit et par les eaux débordées de la rivière ; et tout le reste de la cavalerie, réunie aux troupes auxiliaires, composait l'aile gauche, et devait envelopper l'ennemi. Contre cette ordonnance, Jules César disposa également son armée sur trois lignes, les légions au centre ; et, pour n'être point tourné, il appuya son aile gauche contre des marais. À l'aile droite était la cavalerie, mêlée à une infanterie fort agile, qu'on avait exercée, pour combattre, aux mêmes manœuvres que les cavaliers. Enfin il mit à la réserve six cohortes pour les cas imprévus, rangées obliquement sur la droite, par où il attendait la cavalerie de l'ennemi ; et c'est ce qui, dans cette journée, contribua le plus au succès de César. En effet, la cavalerie de Pompée s'étant élancée de ce côté, ces mêmes cohortes la chargèrent tout à coup, la mirent en fuite, et la rejetèrent sur les légions, qui en firent un grand carnage.

23 L'empereur César Auguste Germanicus, ne pouvant mettre fin aux combats de sa cavalerie avec les Cattes, parce que ceux-ci se réfugiaient à chaque instant dans leurs forêts, donna l'ordre à ses soldats, aussitôt qu'ils seraient arrêtés par la difficulté des lieux, de

---

général, peu de mal ; les armées s'abordaient tout d'abord à l'arme blanche ; il était donc naturel que le vaincu perdît beaucoup de monde, et le vainqueur très peu. Les armées modernes, quand elles s'abordent, ne le font qu'à la fin de l'action, et lorsque déjà il y a bien du sang de répandu. Il n'y a point de battant ni de battu pendant les trois quarts de la journée ; la perte occasionnée par les armes à feu est à peu près égale des deux côtés. La cavalerie, dans ses charges, offre quelque chose d'analogue à ce qui arrivait aux armées anciennes. Le vaincu perd dans une bien plus grande proportion que le vainqueur, parce que l'escadron qui lâche pied est poursuivi et sabré, et éprouve alors beaucoup de mal sans en faire.

Les armées anciennes, se battant à l'arme blanche, avaient besoin d'être composées d'hommes plus exercés : c'étaient autant de combats singuliers. Une armée composée d'hommes d'une meilleure espèce et de plus anciens soldats, avait nécessairement tout l'avantage ; c'est ainsi qu'un centurion de la dixième légion disait à Scipion, en Afrique : « Donne-moi dix de mes camarades qui sont prisonniers comme moi, fais-nous battre contre une de tes cohortes, et tu verras qui nous sommes. » Ce que ce centurion avançait était vrai. Un soldat moderne qui tiendrait le même langage ne serait qu'un fanfaron. Les armées anciennes approchaient de la chevalerie. Un chevalier armé de pied en cap affrontait un bataillon.

« Les deux armées, à Pharsale, étaient composées de Romains et d'auxiliaires, mais avec cette différence que les Romains de César étaient accoutumés aux guerres du Nord, et ceux de Pompée aux guerres de l'Asie. » (Napoléon.)

Sextus Julius Frontin

sauter à bas de cheval, et d'engager des combats d'infanterie. Cette manœuvre lui assura une victoire qui fut partout admirée.

24 C. Duilius, voyant que la flotte légère et exercée des Carthaginois se jouait de ses pesants navires, et rendait inutile la valeur de ses soldats, imagina des mains de fer qui accrochaient les vaisseaux ennemis ; alors les Romains, jetant des ponts, allaient combattre corps à corps, et taillaient en pièces les Carthaginois sur leurs propres bâtiments.

IV. Déconcerter les dispositions de l'armée ennemie.

1 Papirius Cursor le fils, étant consul, et combattant les Samnites, dont la résistance opiniâtre rendait la victoire incertaine, chargea, à l'insu de ses soldats, Spurius Nautius de conduire sur une colline qui regardait le flanc de la bataille, quelques cavaliers auxiliaires, et des valets d'armée montés sur des mulets, puis de les en faire descendre à grand bruit, et en traînant par terre des branches d'arbres. Aussitôt que ce détachement fut en vue, Papirius cria à ses troupes que son collègue arrivait victorieux, et qu'elles devaient, de leur côté, conquérir la gloire du présent combat. Cet incident ranima l'ardeur des Romains ; et, quand les Samnites aperçurent la poussière, ils furent saisis d'épouvante, et prirent la fuite.

2 Fabius Rullus Maximus, consul pour la quatrième fois, ayant tenté par tous les moyens, mais en vain, de rompre la ligne de bataille des Samnites, prit enfin le parti de retirer des rangs les *hastati*, et de les envoyer avec Scipion, son lieutenant, s'emparer d'une colline d'où ils pouvaient fondre sur les derrières de l'ennemi. Le succès de cette manœuvre vint accroître le courage des Romains, et les Samnites, effrayés et cherchant à fuir, furent taillés en pièces.

3 Minucius Rufus, serré de près par les Scordisques et les Daces, qui lui étaient supérieurs en nombre, détacha quelques cavaliers et des trompettes, sous la conduite de son frère, avec ordre, aussitôt que le combat serait engagé, de se montrer tout à coup sur un autre point, et de faire sonner la charge. Au bruit des trompettes, qui était augmenté par l'écho des montagnes, l'ennemi, persuadé qu'il arrivait des forces considérables, fut effrayé et se retira.

4 Le consul Acilius Glabrion, ayant engagé un combat près des

Thermopyles, contre le roi Antiochus, qui se rendait en Achaïe avec son armée, lutta en vain contre le désavantage des lieux, et eût été même repoussé avec perte, si Porcius Caton, alors consulaire, et nommé par le peuple tribun des soldats, n'eût fait un détour pour aller débusquer les Étoliens des sommets du Callidrome, où ils avaient pris position, et ne se fût montré tout à coup sur une colline qui dominait le camp du roi. Les troupes d'Antiochus en prirent l'épouvante : attaquées des deux côtés à la fois, elles furent mises en déroute, et leur camp resta au pouvoir des Romains.

5 Le consul C. Sulpicius Peticus, sur le point d'en venir aux mains avec les Gaulois, envoya secrètement les valets de l'armée, avec des mulets, sur des hauteurs voisines, d'où ils devaient, une fois l'action engagée, se mettre en vue des combattants comme un corps de cavalerie. Les Gaulois, croyant que des renforts arrivaient aux Romains, se retirèrent au moment où ils étaient presque victorieux.

6 Marius, ayant dessein de livrer bataille aux Teutons le jour suivant, près d'Aquæ Sextiæ[1], envoya, pendant la nuit, Marcellus prendre position de l'autre côté de l'armée ennemie, avec un petit détachement de cavaliers et de fantassins, qu'il fit paraître plus nombreux en y joignant des valets et des vivandiers armés, avec la plus grande partie des bêtes de somme, équipées de manière qu'on pût les prendre pour de la cavalerie. Cette troupe, qui avait l'ordre de descendre dans la plaine derrière l'ennemi, aussitôt qu'elle verrait commencer le combat, inspira une telle frayeur aux Teutons par son apparition soudaine, que ces ennemis si redoutables prirent la fuite.

7 Dans la guerre des fugitifs, Licinius Crassus, au moment de ranger son armée en bataille, près de Calamarque, contre Castus et Gannicus, généraux des Gaulois, fit passer de l'autre côté d'une montagne ses lieutenants C. Pomptinius et Q. Marcius Rufus, avec douze cohortes. Quand le combat fut engagé, ces troupes descendirent derrière l'armée ennemie, en poussant de grands cris, et y

---

1 Pour que le détachement envoyé ainsi à l'avance ne fût pas compromis, il fallait que Marius eût la certitude que les Teutons accepteraient la bataille le lendemain, et qu'ils ne feraient aucun changement à leurs dispositions.

« Il ne faut faire aucun détachement la veille du jour d'une bataille, parce que, dans la nuit, l'état des choses peut changer, soit par des mouvements de retraite de l'ennemi, soit par l'arrivée de grands renforts qui le mettent à même de prendre l'offensive et de rendre funestes les dispositions prématurées que vous avez faites. » (Napoléon.)

jetèrent un tel désordre, qu'elle prit la fuite sur tous les points, sans pouvoir se reformer.

8 M. Marcellus, craignant que l'on ne jugeât par les cris des soldats qu'ils étaient en petit nombre, ordonna aux. valets de troupes, aux esclaves, et aux gens de toute espèce qui le suivaient, de crier en même temps. Cette apparence d'une grande armée épouvanta l'ennemi.

9 Valerius Lévinus, ayant tué un simple soldat dans un combat qu'il livrait à Pyrrhus, leva son épée ensanglantée, et fit croire aux deux armées qu'il avait tué le roi. Aussitôt les ennemis, persuadés qu'ils avaient perdu leur chef, et consternés par cette imposture, rentrèrent avec effroi dans leur camp[1].

10 Dans un combat contre C. Marius, en Numidie, Jugurtha, qui avait appris la langue latine en séjournant dans les camps romains, courut devant sa première ligne, et cria en latin qu'il venait de tuer C. Marius, ce qui fit prendre la fuite à un grand nombre des nôtres.

11 Myronide, général athénien, ayant livré bataille aux Thébains, et voyant que le succès était douteux, s'élança tout à coup vers l'aile droite de son armée, et s'écria que l'aile gauche était déjà victorieuse. Cette nouvelle donna de l'ardeur aux Athéniens, et épouvanta l'ennemi, qui perdit la victoire.

12 Crésus fit marcher une troupe de chameaux contre la cavalerie ennemie, qui était plus forte que la sienne ; les chevaux, effrayés de l'aspect et de l'odeur de ces animaux, renversèrent leurs cavaliers et allèrent se rejeter sur l'infanterie, dont ils causèrent aussi la défaite.

13 Pyrrhus, roi d'Épire, combattant en faveur des Tarentins, trouva un semblable avantage dans ses éléphants, pour mettre le désordre dans l'armée romaine.

14 Les Carthaginois ont souvent fait usage de ce moyen contre les Romains.

15 Les Volsques étant campés dans un lieu environné de broussailles et de bois, Camille incendia tout ce qui pouvait communiquer le feu jusqu'à leurs retranchements, et les obligea ainsi d'abandonner leur camp.

---

1 Cela n'est pas exact. La victoire, qui penchait d'abord du côté des Romains, se déclara enfin pour Pyrrhus. Voyez Plutarque, *Vie de Pyrrhus*, ch. XIV et suiv. ; Florus, liv. I, ch. 18.

16 P. Crassus, pendant la guerre Sociale, fut surpris de la même manière avec toute son armée.

17 Les Espagnols, dans un combat contre Hamilcar, placèrent à leur front de bataille des chariots attelés de bœufs et chargés de bois résineux, de suif et de soufre, et y mirent le feu quand on donna le signal de l'attaque. Les bœufs, dirigés contre l'armée ennemie, y jetèrent l'épouvante et le désordre.

18 Les Falisques et les Tarquiniens revêtirent d'habits sacerdotaux un certain nombre des leurs, qui s'avancèrent, semblables à des furies, agitant des torches et des serpents, et épouvantèrent l'armée romaine.

19 Les Véiens et les Fidénates eurent le même succès, en s'armant de torches enflammées.

20 Athéas, roi des Scythes, combattant l'armée des Triballiens, qui était plus nombreuse que la sienne, ordonna aux femmes, aux enfants, et à tous ceux qui étaient peu propres au combat, d'aller, avec des troupeaux d'ânes et de bœufs, derrière l'armée ennemie, et de se montrer lances dressées ; puis il répandit le bruit que c'étaient des renforts venus des extrémités de la Scythie. L'ennemi le crut, et prit la fuite.

V. Des embûches.

1 Romulus s'étant approché des murs de Fidènes, après avoir embusqué une partie de ses troupes, simula une retraite, et attira ainsi à sa poursuite les Fidénates jusqu'au lieu où étaient cachés les siens. Ceux-ci, voyant leurs ennemis en désordre et sans méfiance, fondirent sur eux de toutes parts, et les taillèrent en pièces.

2 Le consul Q. Fabius Maximus, envoyé au secours des Sutriens contre les Étrusques, attira sur lui toutes les forces de l'ennemi, et bientôt, feignant d'avoir peur et de prendre la fuite, il gagna des hauteurs, d'où il retomba sur les Étrusques, qui montaient pêle-mêle derrière lui ; et non seulement il fut vainqueur, mais encore il s'empara de leur camp.

3 Sempronius Gracchus, ayant à combattre les Celtibériens, feignit de les redouter, et se tint dans son camp. Il fit ensuite sortir ses troupes légères, qui, après avoir harcelé les ennemis, lâchèrent pied

tout à coup, et réussirent à les éloigner de leurs retranchements. Alors Sempronius, les voyant accourir confusément, prit l'offensive, et les battit à tel point, que leur camp tomba en son pouvoir.

4 Le consul Metellus, faisant la guerre en Sicile contre Hasdrubal, et observant l'armée ennemie avec d'autant plus de soin qu'elle était très nombreuse et renforcée de cent trente éléphants, affecta de la crainte, tint ses troupes renfermées dans Panorme, et fit creuser un large fossé en avant de la place ; puis, voyant arriver cette armée, avec les éléphants à la première ligne, il ordonna à ses *hastati* d'aller lancer des flèches contre ces animaux, et de se réfugier aussitôt dans le retranchement. Irrités de cette bravade, ceux qui conduisaient les éléphants les firent descendre jusque dans le fossé même[1], et, quand ils s'y furent engagés, une partie de ces animaux fut accablée d'une grêle de traits, et les autres, se retournant contre les Carthaginois, mirent le désordre dans leur armée. Alors Metellus, qui n'attendait que l'occasion, s'élança avec toutes ses troupes, attaqua en flanc les ennemis, les tailla en pièces, et les prit avec leurs éléphants.

5 Tomyris, reine des Scythes, combattant contre Cyrus, roi de Perse, sans résultat décisif, l'attira, par une fuite simulée, dans un défilé bien connu des Scythes ; là, se retournant tout à coup, et secondée par la nature du lieu, elle remporta la victoire.

6 Les Égyptiens couvrirent d'herbes aquatiques certains marais voisins d'une plaine où ils devaient combattre ; et, l'action engagée, ils attirèrent, par une feinte retraite, les ennemis dans le piège. Ceux-ci, s'élançant avec trop d'ardeur sur un terrain qu'ils ne connaissaient pas, s'enfoncèrent dans la vase, et furent enveloppés.

7 Viriathe, qui de brigand était devenu chef des Celtibériens, feignant de lâcher pied devant la cavalerie romaine, l'amena jusque dans des fondrières et des ravins ; et, tandis qu'il s'échappait lui-même par des chemins solides qu'il connaissait, les Romains, auxquels les lieux étaient inconnus, s'embourbèrent et furent taillés en pièces.

---

1 Polybe, qui raconte ce fait (liv. I, ch. 39 et 4o), dit seulement que les éléphants s'avancèrent sur le bord du fossé. Il est difficile de croire qu'il n'y ait pas erreur de la part de Frontin, à moins que ce fossé n'ait été creusé de manière à donner accès aux éléphants, ce qui est peu probable. Voyez Tite-Live, *Suppléments de Freinshemius*, liv. XVIII, ch. 52 et suiv.

8 Fulvius, commandant une armée romaine contre les Celtibériens, établit son camp à proximité du leur, et ordonna à sa cavalerie de s'avancer jusque sous les retranchements de ces barbares, de les harceler, et de se replier par une retraite simulée. Il renouvela cette provocation pendant quelques jours, et s'aperçut que les Celtibériens, en poursuivant avec ardeur sa cavalerie, laissaient leur camp sans défense. Alors, ayant donné l'ordre à une partie de ses troupes d'exécuter encore la même manœuvre, lui-même, avec ses troupes légères, alla, sans être aperçu[1], prendre position derrière les ennemis ; et, quand ceux-ci furent sortis comme à l'ordinaire, il accourut soudainement, abattit les palissades abandonnées, et se rendit maître du camp.

9 Une armée de Falisques, plus nombreuse que la nôtre, étant venue camper sur nos frontières, Cn. Fulvius fit mettre le feu par ses soldats à des maisons éloignées de son camp, dans l'espoir que les Falisques, attribuant à quelques-uns des leurs cette dévastation, se disperseraient pour aller au pillage.

10 Alexandre, roi d'Épire, étant en guerre avec les Illyriens, plaça des troupes en embuscade ; puis ayant fait prendre à quelques soldats le costume des ennemis, il leur donna l'ordre de commettre des ravages sur le territoire même de l'Épire. Dès que les Illyriens les aperçurent, ils se répandirent de tous côtés pour faire du butin, avec d'autant plus de sécurité, qu'ils prenaient pour leurs éclaireurs ceux qu'ils voyaient en avant. Ainsi attirés sur le lieu de l'embuscade, ils furent taillés en pièces et mis en fuite.

11 Leptine, commandant l'armée des Syracusains contre les Carthaginois, fit aussi ravager son propre pays, et brûler des maisons de campagnes et quelques châteaux. Les Carthaginois, croyant que c'était l'œuvre des leurs, sortirent du camp pour les soutenir, et tombèrent dans une embuscade, où ils trouvèrent, leur défaite.

12 Maharbal, envoyé de Carthage contre les Africains révoltés, et connaissant le goût passionné de ce peuple pour le vin, mélangea une grande quantité de cette boisson avec du suc de mandragore, plante qui tient le milieu entre le poison et les narcotiques ; et après un léger engagement avec l'ennemi, il se replia à dessein : puis, au milieu de la nuit, laissant dans son camp quelques bagages et tout

---

1 Selon Tite-Live (liv. XL, ch. 31), Fulvius resta dans son camp pour le défendre, et chargea Acilius, un de ses officiers, de surprendre celui des Celtibériens.

le vin mélangé, il feignit de s'enfuir. Les barbares s'emparent de son camp, se livrent à la joie, boivent avidement ce vin pernicieux, et bientôt, étendus à terre comme s'ils étaient morts, ils sont, au retour de Maharbal, tous pris ou massacrés.

13 Hannibal, sachant que son camp et celui des Romains étaient dans un lieu où le bois manquait, abandonna de nombreux troupeaux de bœufs dans ses retranchements, au milieu de ce pays désert. Les Romains s'emparèrent de ce butin, et, se trouvant dans une grande disette de bois, se gorgèrent de viande mal cuite. Tandis qu'ils se croyaient en sûreté, et qu'ils étaient incommodés par cette viande à demi crue, Hannibal ramena son armée pendant la nuit, et leur fit beaucoup de mal.

14 En Espagne, Tiberius Gracchus, informé que l'ennemi, ne pouvant se procurer des vivres, était dans la détresse, abandonna son camp, où il laissa en abondance des provisions de toute espèce. Les ennemis s'en emparent, se gorgent de la nourriture qu'ils trouvent ; et, tandis qu'ils souffrent de cet excès, Tiberius revient avec son armée, les surprend et les taille en pièces.

15 Les habitants de Chio, faisant la guerre à ceux d'Érythrée, leur enlevèrent un éclaireur sur une éminence, le tuèrent, et revêtirent de ses habits un de leurs propres soldats. Celui-ci, par les signaux qu'il fit du même lieu aux Érythréens, les attira dans une embuscade.

16 Les Arabes, sachant que l'on connaissait leur habitude d'annoncer l'arrivée de l'ennemi, le jour avec de la fumée, et la nuit avec du feu, donnèrent l'ordre d'entretenir continuellement ces signaux, et de ne les interrompre, au contraire, qu'à l'approche des ennemis. Ceux-ci croyant, d'après l'absence des feux, que les Arabes ignoraient leur arrivée, s'avancèrent avec plus de précipitation, et furent défaits.

17 Alexandre, roi de Macédoine, voyant que les ennemis étaient campés dans un bois situé sur une hauteur, partagea ses troupes en deux corps, ordonna à celui qu'il laissait au camp d'allumer autant de feux qu'à l'ordinaire, pour faire croire à la présence de l'armée entière ; et, conduisant lui-même l'autre corps par des chemins détournés, il alla fondre d'un lieu plus élevé sur l'ennemi, et le débusqua.

18 Memnon de Rhodes, dont la principale force était dans la cavalerie, ayant affaire à des troupes qui se tenaient sur les hauteurs, et qu'il voulait attirer dans la plaine, envoya dans leur camp plusieurs de ses soldats, chargés de jouer le rôle de transfuges, et de faire croire que son armée était en proie à une si forte sédition, qu'il en désertait à chaque instant une partie. Pour accréditer ce mensonge, Memnon fit établir çà et là, sous les yeux de l'ennemi, quelques petits forts qui semblaient être l'ouvrage des prétendus déserteurs, pour leur servir de retraite. Dans cette confiance, les ennemis, abandonnant les collines, descendent en rase campagne, et, tandis qu'ils s'attaquent aux forts, Memnon les enveloppe avec sa cavalerie.

19 Arybas, roi des Molosses, ayant à soutenir une guerre contre Ardys, roi d'Illyrie, qui avait une armée plus forte que la sienne, envoya dans une province d'Étolie, voisine de ses États, ceux de ses sujets qui ne pouvaient se défendre, et répandit le bruit qu'il abandonnait aux Étoliens ses villes et toutes ses possessions ; puis, se mettant à la tête de ceux qui étaient capables de porter les armes, il plaça des embuscades sur les montagnes et dans des lieux de difficile accès. Les Illyriens, craignant que les richesses des Molosses ne tombassent au pouvoir des Étoliens, accoururent au pillage avec précipitation et en désordre ; et quand Arybas les vit dispersés et en pleine sécurité, il sortit d'embuscade, tomba sur eux, et les mit en déroute.

20 T. Labienus, lieutenant de C. César, désirant livrer bataille aux Gaulois avant l'arrivée des Germains, qu'il savait devoir venir à leur secours, feignit de se défier de ses forces ; et, après avoir assis son camp près d'un fleuve[1], sur la rive opposée à celle que l'ennemi occupait, il donna l'ordre du départ pour le lendemain. Les Gaulois, croyant qu'il fuyait, se mirent en devoir de franchir le fleuve ; mais, au moment même où ils luttaient contre les difficultés du passage, l'armée de Labienus fit volte-face, et les tailla en pièces.

21 Hannibal, s'étant aperçu que Fulvius, général romain, avait mal fortifié son camp, et agissait souvent avec peu de prudence, envoya dès la pointe du jour, au moment où d'épais brouillards obscurcissaient le temps, quelques cavaliers se montrer aux sentinelles

---

1 C'était sur le bord de la Seine. Voyez César, *Guerre des Gaules*, liv. VII, ch. 58 et suiv.

qui gardaient nos retranchements. Aussitôt Fulvius fit sortir son armée. Hannibal, venant par un autre côté, s'empara du camp, et de là tombant sur les derrières des Romains, il leur tua huit mille des meilleurs soldats, et leur général lui-même.

22 L'armée romaine ayant été partagée entre Fabius le dictateur, et Minutius, maître de la cavalerie, le premier sachant attendre les occasions, l'autre ne respirant que le combat, Hannibal s'établit dans une plaine qui séparait les deux camps ; et, après avoir caché une partie de son infanterie dans des anfractuosités de rochers, il voulut provoquer l'ennemi en envoyant des troupes occuper une éminence voisine. Minutius sortit de ses retranchements pour les charger ; alors, celles qui avaient été embusquées par Hannibal, s'élançant tout à coup, auraient détruit l'armée de Minutius, si Fabius, qui s'était aperçu du danger, ne fût arrivé à son secours[1].

23 Hannibal, étant campé près de la Trebia, qui séparait son camp de celui du consul Sempronius Longus, mit en embuscade Magon, avec des troupes d'élite, par un froid très vif ; puis, afin d'attirer au combat le confiant Sempronius, il envoya des cavaliers numides voltiger près du camp romain, avec ordre de lâcher pied dès notre première charge, et de revenir par des gués qu'ils connaissaient. Le consul s'élança témérairement à leur poursuite ; et ses soldats, encore à jeun, furent, dans cette saison rigoureuse, saisis par le froid en passant la rivière. Bientôt, quand ils furent engourdis, et épuisés de faim, Hannibal dirigea sur eux ses troupes, qui avaient pris à dessein leur repas, et s'étaient frottées d'huile auprès du feu. Magon, de son côté, fidèle aux ordres qu'il avait reçus, prit les ennemis en queue et en fit un grand carnage.

24 [2]Comme le lac de Thrasymène était séparé du pied d'une montagne par un chemin étroit qui conduisait dans le plat pays,

1 Tite-Live (liv. XXII, ch. 27 et suiv.) donne plus de détails sur ce stratagème, et fait apprécier le beau caractère du dictateur Fabius, ainsi que l'inexpérience présomptueuse de Minutius, et son noble repentir.
2 La ruse la plus familière à Hannibal consistait à cacher des troupes qui devaient tomber sur les derrières de l'ennemi quand l'action serait engagée. À la bataille de Hohenlinden, le 3 décembre 1800, le général Richepanse recourut à un stratagème semblable, en allant s'embusquer avec une division, et contribua ainsi puissamment à la victoire. Cependant il ne faut pas se dissimuler que cet expédient, en général, présente les plus grands dangers au corps détaché, qui, s'il était aperçu, pourrait être écrasé sans aucun moyen de fuir, attendu qu'il se trouve coupé par sa propre manœuvre.

72

Hannibal, simulant une retraite, franchit le passage et alla camper dans cette plaine ; ensuite il embusqua des troupes, pendant la nuit, sur une colline qui dominait le défilé, et sur les côtés du chemin ; et, au point du jour, profitant d'un brouillard qui le cachait, il rangea en bataille le reste de son armée. Flaminius, qui croyait l'ennemi en fuite, se mit à le poursuivre, s'engagea dans le défilé, et n'aperçut le piège qu'au moment où, attaqué à la fois de front, en flanc et par derrière, il périt avec toute son armée.

25 Le même Hannibal, ayant en tête le dictateur Junius, donna l'ordre à six cents cavaliers de se partager en plusieurs petites troupes, et d'aller, à la faveur de la nuit, alternativement et sans interruption, se présenter autour du camp de l'ennemi. Ainsi harcelés pendant la nuit entière, les Romains gardèrent leurs retranchements sans quitter leurs armes, battus par une pluie continuelle ; et quand, accablés de fatigue, ils eurent reçu de Junius l'ordre de se retirer, Hannibal, sortant de son camp avec des troupes fraîches, s'empara de celui du dictateur.

26 Un semblable artifice réussit à Épaminondas, général thébain, contre les Lacédémoniens, qui avaient creusé des fossés à l'isthme de Corinthe, pour défendre l'entrée du Péloponnèse. Pendant toute la nuit il inquiéta l'ennemi avec quelques troupes légères, qu'il rappela vers la pointe du jour ; et, quand les Lacédémoniens se furent aussi retirés, il fit soudainement avancer toute son armée, qui avait pris du repos, et fit irruption par les fossés mêmes, restés sans défense.

27 Hannibal, ayant rangé son armée en bataille près de Cannes, fit passer du côté des Romains six cents cavaliers numides, qui, pour inspirer moins de méfiance, livrèrent leurs épées et leurs boucliers. Ils furent placés à la dernière ligne de l'armée ; mais, aussitôt que l'action fut engagée, ils tirèrent des épées courtes, qu'ils avaient cachées sous leurs cuirasses, prirent les boucliers des morts, et tombèrent sur l'armée romaine.

28 Les Iapydes envoyèrent de même au proconsul P. Licinius des paysans qui feignirent de se rendre à lui. Ayant été reçus, et placés vers les derniers rangs, ils chargèrent en queue les Romains.

29 Scipion l'Africain, ayant devant lui deux camps ennemis, celui de Syphax et celui des Carthaginois, résolut d'attaquer pendant la

nuit le premier, qui contenait beaucoup de matières combustibles, et d'y mettre le feu, dans le but de tailler en pièces les Numides à mesure que l'épouvante les ferait sortir de leur camp, et d'amener en même temps dans une embuscade disposée à cet effet, les Carthaginois, qui ne manqueraient pas d'accourir au secours de leurs alliés. Un double succès couronna son entreprise.

30 Mithridate, dont le talent de Lucullus avait souvent triomphé, voulut se défaire de celui-ci par trahison, en subornant un certain Adathante, homme d'une force extraordinaire, qui, passant comme transfuge dans le camp des Romains, devait capter sa confiance et l'assassiner. L'entreprise fut conduite avec courage, mais sans succès. Reçu dans la cavalerie de Lucullus, cet homme fut l'objet d'une secrète surveillance, parce qu'il ne fallait ni se fier tout d'abord à un transfuge, ni en empêcher d'autres de déserter comme lui. Plus tard, lorsque, s'étant signalé par des services dans de fréquentes expéditions, il eut inspiré de la confiance à Lucullus, il choisit le moment où le conseil, congédié, laissait tout le camp dans le repos, et rendait le prétoire plus solitaire. Le hasard sauva Lucullus : car le traître, qui avait ordinairement un libre accès auprès du général quand celui-ci ne dormait pas, se présenta au moment où, accablé de veilles et de travaux, il venait de céder au sommeil. Quoiqu'il insistât pour entrer, ayant, disait-il, à lui communiquer une affaire importante et pressée, les esclaves, attentifs à la santé de leur maître, lui refusèrent obstinément la porte. Alors, craignant que sa démarche n'éveillât les soupçons, il alla vers la porte du camp, où l'attendaient des chevaux tout prêts, et retourna vers Mithridate, sans avoir pu accomplir son dessein.

31 En Espagne, Sertorius, ayant établi son camp près de Lauron, en face de celui de Pompée, et voyant qu'on ne pouvait aller au fourrage dans deux cantons, l'un voisin, l'autre éloigné des camps, voulut que ses troupes légères fissent de continuelles incursions dans le premier, et que pas un homme armé ne parût dans l'autre, jusqu'à ce que l'ennemi fût convaincu que le lieu le plus éloigné était le plus sûr. Aussitôt que les soldats de Pompée y furent allés, Sertorius, pour tendre des embûches aux fourrageurs, y envoya Octavius Grécinus, avec dix cohortes armées à la romaine, dix mille hommes de troupes légères, et deux mille cavaliers commandés par Tarquitius Priscus. Ces chefs s'acquittèrent habilement de

leur mission : car, après avoir reconnu les lieux, ils embusquèrent leurs troupes, pendant la nuit, dans une forêt voisine, ayant soin de placer en première ligne les Espagnols, soldats agiles, et excellents pour les coups de main ; plus avant dans la forêt, l'infanterie armée de boucliers, et plus loin encore la cavalerie, afin que le hennissement des chevaux ne trahît pas le piège. Ils reçurent tous l'ordre de rester en repos et de garder le silence jusqu'à la troisième heure du jour. Déjà les soldats de Pompée, en pleine sécurité et chargés de provisions, songeaient à s'en retourner, et ceux, qui avaient fait le guet, séduits par cette apparente, se dispersaient pour fourrager eux-mêmes, lorsque les Espagnols, s'élançant avec l'impétuosité qui leur est naturelle, font main basse sur ces hommes épars, qui n'appréhendaient rien de semblable, et les mettent en désordre ; puis, avant qu'ils aient commencé à se défendre, l'infanterie armée de boucliers sort de la forêt, culbute et dissipe ceux qui cherchent à se rallier. La cavalerie, alors, partit à leur poursuite, et joncha de morts tout le terrain qui conduisait au camp. On eut même soin de n'en laisser échapper aucun : car le reste des cavaliers, au nombre de deux cent cinquante, prirent facilement les devants du côté du camp de Pompée, en allant à toute bride par les chemins les plus courts, et se retournèrent sur ceux qui fuyaient les premiers. Aussitôt que Pompée s'aperçut de ce qui se passait, il envoya au secours des siens une légion commandée par D. Lélius ; mais la cavalerie, faisant un mouvement vers la droite, feignit d'abord de se retirer, et revint charger en queue la légion, dont la tête était déjà aux prises avec ceux qui avaient poursuivi les fourrageurs. Pressée entre deux troupes ennemies, elle fut exterminée avec le lieutenant. Pompée avait voulu la dégager en faisant sortir du camp son armée entière ; mais Sertorius, lui faisant voir la sienne rangée sur les hauteurs, le fit renoncer au combat. Outre cette double perte, résultat du même artifice, Pompée eut la douleur de rester spectateur du massacre de ses soldats. Tel fut le premier engagement entre Sertorius et Pompée. Celui-ci, au rapport de Tite-Live, perdit dix mille six cents hommes et tous ses bagages.

32 Pompée, en Espagne, ayant dressé une embuscade, feignit, en fuyant, de craindre les ennemis, les attira vers le piège ; et, quand il vit le moment favorable, il se retourna, les attaqua de front et sur les deux flancs, les tailla en pièces, et fit même prisonnier

Perpenna, leur chef.

33 Le même, faisant la guerre en Arménie contre Mithridate, dont la cavalerie était plus nombreuse et meilleure que la sienne, plaça, pendant la nuit, trois mille fantassins armés à la légère, et cinq cents cavaliers, dans une vallée couverte de bois, et située entre les deux camps ; puis, à la pointe du jour, il fit avancer sa cavalerie vers les avant-postes ennemis, avec ordre, lorsqu'elle serait tout entière aux prises avec celle de Mithridate, de se retirer peu à peu, sans quitter les rangs, jusqu'à ce que les troupes embusquées fussent à portée de tomber sur les derrières de l'ennemi. L'événement ayant rempli son attente, la cavalerie, qui semblait fuir, tourna bride ; et les ennemis, enveloppés et frappés d'épouvante, furent taillés en pièces : leur chevaux mêmes tombèrent sous les coups d'épée que venaient leur porter les fantassins. Ce combat fit perdre au roi la confiance qu'il avait en sa cavalerie.

34 Crassus, dans la guerre des esclaves fugitifs s'était retranché près du mont Cathena, dans deux camps fort rapprochés de celui de l'ennemi. Après avoir fait passer, pendant la nuit, ses troupes du plus grand dans le plus petit, laissant dans le premier sa tente prétorienne, pour donner le change à l'ennemi, il conduisit lui-même toute son armée au pied de la montagne, où il prit position. Il partagea en deux corps sa cavalerie, et chargea L. Quinctius d'en opposer une partie à Spartacus, pour le tenir en échec, puis de provoquer, avec le reste, les Gaulois et les Germains, commandés par Castus et Gannicus, afin de les attirer, par une fuite simulée, jusqu'à l'endroit où il se tenait lui-même avec son armée rangée en bataille. Aussitôt qu'elle se vit chargée par les barbares, la cavalerie se retira vers les deux ailes, et tout à coup l'infanterie romaine, mise à découvert, s'élança en poussant de grands cris. Tite-Live rapporte que trente-cinq mille combattants périrent avec leurs chefs dans cette journée, et que l'on reprit cinq aigles romaines, vingt-six enseignes et beaucoup de butin, parmi lequel se trouvaient cinq faisceaux avec leurs haches.

35 En Syrie, C. Cassius, s'avançant contre les Parthes, ne présenta sur son front de bataille que sa cavalerie, derrière laquelle il cacha l'infanterie dans les inégalités du terrain ; ensuite, faisant lâcher pied à sa cavalerie, qui s'écoula par des chemins qu'elle connaissait, il attira les Parthes dans le piège, et les tailla en pièces.

36 Ventidius, ayant affaire aux Parthes et à Labienus, que leurs victoires avaient enhardis, feignit de les craindre, en tenant son armée inactive ; et, les ayant par là déterminés à l'attaquer, il les attira dans des lieux désavantageux, tomba sur eux inopinément, et les battit à tel point, qu'ils abandonnèrent Labienus et sortirent de la province.

37 Le même, n'ayant qu'une petite armée à opposer au Parthe Pharnastane[1], et voyant que celui-ci se fiait de plus en plus sur le grand nombre de ses soldats, embusqua dans une vallée couverte, à côté de son camp, dix-huit cohortes, derrière lesquelles il rangea sa cavalerie ; ensuite, quelques hommes lancés contre les Parthes ayant à dessein pris la fuite, ceux-ci les poursuivirent en désordre, et dépassèrent le lieu de l'embuscade : aussitôt l'armée de Ventidius, se jetant sur leur flanc, les mit en déroute, et Pharnastane resta parmi les morts.

38 Le camp de C. César et celui d'Afranius occupaient deux côtés opposés d'une plaine, et chacun de ces chefs avait grand intérêt à s'emparer de hauteurs voisines dont l'accès était défendu par des rochers escarpés. César mit ses troupes en marche comme pour opérer une retraite sur Ilerda, ce que le manque de vivres pouvait faire supposer ; puis, après un court chemin, il fit un léger détour, et se dirigea brusquement vers les hauteurs afin de s'en rendre maître. À cette vue, les troupes d'Afranius, aussi en peine que si leur camp eût été pris, coururent en désordre vers ces mêmes montagnes. César, qui avait prévu ce mouvement, profita de leur confusion pour les attaquer de front avec de l'infanterie qu'il avait envoyée en avant, tandis que sa cavalerie les chargeait par derrière.

39 Antoine, informé de l'approche du consul Pansa, lui dressa une embuscade dans les bois qui bordent la voie Émilienne, près de Forum Gallorum[2], le surprit ainsi avec son armée, et le mit en déroute. Le consul lui-même reçut une blessure dont il mourut peu de jours après.

40 En Afrique, pendant la guerre civile, le roi Juba causa une

---

1 Il faudrait peut-être lire *Pharnapatis*, comme on le voit dans Plutarque (Vie d'Antoine, ch. XXXIII). Ce général eut dans ce combat le même sort que Labienus, jeune Romain qui avait pris du service chez les Parthes. Celui-ci était neveu du tribun Labienus, qui abandonna le parti de César pour embrasser celui de Pompée.
2 Aujourd'hui Castel Franco, près de Modène.

fausse joie à Curion par une retraite simulée[1]. Celui-ci, séduit par l'espoir de vaincre, se mit à la poursuite de Sabura, lieutenant du roi, qui semblait fuir devant lui, et s'avança dans une plaine où, enveloppé par la cavalerie numide, il périt avec toute son armée.

41 Mélanthe, général athénien, provoqué à un combat singulier par Xanthus, roi de Béotie, contre lequel il soutenait la guerre, se rendit sur le champ de bataille, et quand il fut tout près de son ennemi : « Xanthus, lui dit-il, tu agis contre la justice et contre nos conventions : je suis seul, et tu amènes un second. » Tandis que le roi, étonné, se retournait pour voir qui l'accompagnait, Mélanthe le tua d'un seul coup[2].

42 Iphicrate, général athénien, étant près de la Chersonèse, et apprenant qu'Anaxibius conduisait son armée par terre, débarqua ses troupes les plus vigoureuses et les plaça en embuscade ; puis il ordonna à sa flotte de se mettre en vue et de gagner le large comme si elle portait toute son armée. Les Lacédémoniens, continuant leur marche sans crainte ni soupçon, furent attaqués en queue par les troupes de l'embuscade, qui les taillèrent en pièces.

43 Des Liburniens, s'étant assis dans la mer sur un bas-fond, et ne montrant que la tête au-dessus de l'eau, trompèrent l'ennemi sur la profondeur de cet endroit, et se rendirent maîtres d'une galère qui, lancée à leur poursuite, s'embarrassa dans le sable.

44 Alcibiade, commandant les Athéniens dans l'Hellespont contre Mindare, général lacédémonien, avait une grande armée et plus de vaisseaux que celui-ci. Après avoir déposé à terre quelques troupes pendant la nuit, et caché une partie de sa flotte derrière des promontoires, il partit lui-même avec un petit nombre de voiles, pour se faire mépriser et attaquer par les ennemis. Aussitôt qu'il les vit à sa poursuite, il se retira jusqu'à ce qu'il les eût amenés dans le piège ; puis, lorsque, fuyant à leur tour, ils eurent gagné le rivage, ils furent taillés en pièces par les troupes qu'il avait disposées à cet effet.

---

1 Ces fuites simulées ont souvent réussi dans l'antiquité, parce qu'alors on ne prenait presque jamais la peine de s'éclairer. Il y en a encore quelques exemples notables dans les temps modernes : ainsi, à la bataille de Lens, le grand Condé sut faire quitter à l'archiduc une position excellente, en l'attirant, par une retraite simulée, dans une plaine où la cavalerie eut bon marché de l'infanterie des Impériaux.
2 Cette odieuse trahison est rapportée, avec quelques détails de plus, par Polyen, liv. I, ch. 19.

45 Le même, étant sur le point de livrer bataille sur mer, dressa quelques mâts sur un promontoire, et donna l'ordre aux soldats qu'il y laissait de déployer les voiles aussitôt qu'ils verraient l'action engagée. Cet artifice eut pour résultat de faire prendre la fuite à l'ennemi, qui pensa qu'une nouvelle flotte arrivait au secours d'Alcibiade.

46 Memnon de Rhodes, ayant une flotte de deux cents vaisseaux, et voulant attirer l'ennemi au combat, ordonna à ses soldats de ne dresser les mâts que d'un petit nombre de navires, qu'il fit avancer les premiers. Les ennemis, jugeant de loin du nombre des vaisseaux par celui des mâts, acceptèrent le combat, et furent enveloppés et vaincus par une flotte plus nombreuse que la leur.

47 Timothée, général athénien, étant près d'en venir aux mains avec les Lacédémoniens, dont la flotte, rangée en bataille[1], s'avançait contre lui, envoya en avant vingt de ses plus légers vaisseaux, pour harceler l'ennemi par toutes sortes de ruses et de manœuvres ; et, aussitôt qu'il s'aperçut que les mouvements de l'ennemi se ralentissaient, il aborda et défit aisément cette flotte déjà fatiguée.

VI. Laisser fuir l'ennemi, de peur que, se voyant enfermé, il ne rétablisse le combat par désespoir.

1 Les Gaulois manquant de barques pour franchir le Tibre, après la bataille gagnée sur eux par Camille, le sénat voulut qu'on leur facilitât le passage, et qu'on leur donnât même des vivres. Plus tard, lorsque des troupes de cette nation s'enfuirent en traversant le Pomptinum, on leur laissa libre un chemin qu'on appelle encore la route des Gaulois.

2 L. Marcius, chevalier romain, à qui l'armée déféra le commandement après la mort des deux Scipions, voyant les Carthaginois, qu'il tenait enfermés, combattre avec plus d'acharnement, pour vendre chèrement leur vie, entrouvrit les rangs de ses cohortes, afin de les laisser échapper ; et, quand ils se furent dispersés, il tomba sur eux sans danger pour les siens, et en fit un grand carnage.

3 C. César laissa fuir des Germains qu'il avait enfermés, et ; qui se

1 Il s'agit ici du combat de Leucade.

battaient avec le courage du désespoir, puis il les chargea pendant leur retraite.

4 Hannibal, à la bataille de Thrasymène, voyant que les Romains combattaient avec une extrême opiniâtreté, parce qu'ils étaient investis, leur ouvrit un passage à travers les rangs de son armée ; et, pendant qu'ils fuyaient, il en fit un grand carnage, sans perte de son côté.

5 Antigone, roi de Macédoine, tenant assiégés les Étoliens, qui, en proie à la famine, avaient tous résolu de chercher la mort dans une sortie, leur laissa la retraite libre, apaisa ainsi leur fougue, et, quand ils eurent pris la fuite, il les poursuivit et les tailla en pièces.

6 Agésilas, roi de Lacédémone, ayant livré bataille aux Thébains[1], et s'étant aperçu que, enfermés par la disposition des lieux, ils se battaient en désespérés, fit ouvrir les rangs de son armée pour faciliter la retraite aux ennemis ; puis, lorsqu'il les vit en fuite, il reforma son corps de bataille, les chargea en queue, et les défit sans éprouver aucune perte.

7 Le consul Cn. Manlius ayant trouvé, au retour d'une bataille, son camp au pouvoir des Étrusques, mit des postes devant toutes les issues. L'ennemi alors, se voyant enfermé, engagea le combat avec tant de fureur, que Manlius lui-même y perdit la vie. Aussitôt que ses lieutenants s'en aperçurent, ils dégagèrent une des portes pour donner passage aux Étrusques. Ceux-ci s'enfuirent en désordre, et rencontrèrent. Fabius, l'autre consul, qui les défit entièrement.

8 Thémistocle, après la défaite de Xerxès, empêcha les Grecs de rompre le pont de bateaux de l'Hellespont[2], et montra qu'il était plus sage de chasser de l'Europe ce prince, que de le forcer à combattre par désespoir. Il le fit même avertir du danger qu'il courait s'il ne se hâtait de fuir.

9 Pyrrhus, roi d'Épire, avait fermé les portes d'une ville qu'il venait de prendre d'assaut ; mais, s'étant aperçu que les habitants, ainsi enfermés et réduits à la dernière nécessité, se défendaient avec

---

1 Il s'agit ici de la bataille de Coronée.
2 Ce pont avait été construit, par ordre de Xerxès, sur l'Hellespont, près d'Abydos. Voyez Hérodote, liv. VII, ch. 33-36, et surtout liv. VIII, ch. 109 et 110.
L'historien grec pense que Thémistocle ne laissa la retraite libre aux Perses que pour se ménager l'amitié de Xerxès, et s'assurer un asile chez ce roi, en cas qu'il éprouvât dans la suite quelque disgrâce de la part de ses concitoyens, ce qui arriva en effet.

résolution, il leur laissa la retraite libre.

10 Le même roi recommande, dans les préceptes de stratégie qu'il a laissés, de ne pas presser à outrance un ennemi qui est en fuite, non seulement de peur que la nécessité ne le force à rétablir le combat et à se défendre avec plus de courage, mais encore pour qu'il plie une autre fois plus volontiers, sachant que le vainqueur ne s'attachera pas à le poursuivre jusqu'à entière destruction[1].

VII. Cacher les événements fâcheux.

1 Dans un combat que le roi Tullus Hostilius avait livré aux Véiens, les Albains désertèrent l'armée romaine et gagnèrent les hauteurs voisines. Voyant ses troupes consternées de cet événement, le roi s'écria que les Albains agissaient par ses ordres, pour envelopper l'ennemi. Ce mot jeta l'épouvante parmi les Véiens, releva le courage des Romains, et fixa de leur côté la victoire qui leur échappait.

2 L. Sylla, voyant le maître de sa cavalerie, à la tête d'une troupe

---

1 *Non usque aderniciem fugientibus instaturns victores.* À ce précepte de Pyrrhus on peut ajouter celui-ci : « Clausis ex desperatione crescit audacia : et quum spei nihil est, sumit arma formido. Ideoque Scipionis laudata sententia est, viam hostibus qua fugiant, muniendam. » (Vegetius liv. III ch. 21.)

De là vient sans doute la maxime : « Qu'il faut faire un pont d'or à l'ennemi qui fuit. »

Mais c'est une opinion qui a rencontré depuis longtemps des contradicteurs parmi les plus célèbres tacticiens : « Si Dieu vous donnait la victoire, dit l'empereur Léon (*Instit.* 14), ne vous arrêtez point à cette mauvaise maxime : *Vince, sed ne nimis vincas* ; ce serait vous préparer de nouvelles affaires, peut-être des retours fâcheux. Profitez de votre avantage, et poussez l'ennemi jusqu'à sa ruine totale. À la guerre, comme à la chasse, c'est n'avoir rien fait que de ne pas achever ce qui était commencé. »

Montecuculli et le maréchal de Saxe pensaient de même. Ce dernier, blâmant le proverbe du *pont d'or*, qu'il appelle une grave erreur, dit, par une sorte de corollaire, qu'il n'y a de belles retraites que celles qui se font devant un ennemi qui poursuit mollement.

« La force d'une armée consistant dans son organisation, dit M. Rocquancourt (*Cours complet d'art militaire*, t.IV, p. 352), et celle-ci résultant de l'harmonie et de l'union de tous les éléments entre eux et avec la volonté unique qui les fait mouvoir, on ne saurait pousser trop vivement une armée battue, puisque, après une défaite, cette harmonie entre la tête qui combine, et les corps qui doivent exécuter, est détruite ; leurs rapports, s'ils ne sont entièrement brisés, se trouvent au moins suspendus. L'armée entière n'est plus qu'une partie faible ; l'attaquer, c'est marcher à un triomphe certain. »

assez considérable, passer, pendant le combat, du côté de l'ennemi, déclara que c'était d'après son ordre. Par ce moyen, non seulement il dissipa la frayeur qui s'emparait de ses soldats, mais encore ; il ranima leur ardeur, par l'espérance de l'avantage qui devait résulter de ce stratagème.

3 Le même général, ayant envoyé ses auxiliaires dans un lieu où ils furent cernés par l'ennemi, et tués, craignit que cette perte ne jetât l'épouvante dans toute son armée. Il annonça que ces troupes avaient médité une trahison, et que, pour ce motif, il leur avait assigné une position désavantageuse. En faisant ainsi passer une perte évidente pour un châtiment, il donna du courage à ses soldats.

4 Scipion, averti par les ambassadeurs de Syphax qu'il ne pouvait plus se fonder sur son alliance avec leur maître, pour passer de Sicile en Afrique, craignit que son armée ne se décourageât à la nouvelle d'une rupture avec cette puissance lointaine. Il se hâta de congédier les envoyés, et de répandre le bruit que Syphax lui-même l'appelait en Afrique.

5 Q. Sertorius, à qui un barbare annonçait, pendant le combat, qu'Hirtuleius était tué, le perça d'un coup de poignard, de peur qu'il n'apprît cet événement à d'autres, et que le courage des soldats ne se ralentît.

6 Alcibiade, général athénien, vivement pressé dans un combat par des troupes d'Abydos, et voyant arriver un courrier qui paraissait triste, défendit à celui-ci d'annoncer publiquement la nouvelle qu'il apportait ; puis, l'ayant interrogé en particulier, il apprit que Pharnabaze, lieutenant du roi de Perse, attaquait sa flotte. Aussitôt il mit fin au combat, sans que ni l'ennemi ni les siens en connussent le motif, et courut, avec toute son armée, au secours de ses vaisseaux.

7 Lorsque Hannibal vint en Italie, trois mille Carpétans désertèrent son armée. Dans la crainte que d'autres ne suivissent cet exemple, il déclara que c'était lui qui les avait congédiés ; et, pour le prouver, il renvoya encore dans leurs foyers quelques soldats qui ne pouvaient rendre que de très faibles services.

8 L. Lucullus, informé que la cavalerie macédonienne qu'il avait parmi ses auxiliaires, passait du côté des ennemis par une conspi-

82

ration soudaine, fit sonner la charge et envoya des escadrons à leur poursuite. Les ennemis, croyant qu'on venait les attaquer, firent une décharge de traits sur les Macédoniens transfuges ; ceux-ci, se voyant repoussés par les troupes auxquelles elles allaient se rendre, et pressés par celles qu'ils abandonnaient, furent obligés d'en venir aux mains avec les ennemis.

9 Datames, commandant l'armée des Perses en Cappadoce, contre Autophradate, apprit qu'une partie de sa cavalerie désertait à l'ennemi. Il rassembla tout ce qui lui en restait, courut après les transfuges, et, quand il les eut atteints, les loua de l'activité avec laquelle ils avaient pris les devants, et les engagea à montrer autant d'énergie en abordant l'ennemi. La honte amenant chez eux le repentir, ils abandonnèrent leur dessein, dans la croyance qu'on ne l'avait point pénétré.

10 Le consul T. Quinctius Capitolinus, voyant les Romains plier, s'écria que vers l'autre aile les ennemis étaient en déroute. Par ce mensonge il releva le courage des siens, et remporta la victoire.

11 Dans un combat contre les Étrusques, le consul Fabius, qui commandait l'aile gauche, étant blessé[1], et une partie des soldats romains, persuadés qu'il était mort, ayant commencé à lâcher pied, l'autre consul, Cn. Manlius, accourut avec quelques escadrons, criant que son collègue vivait, et que lui-même était victorieux à l'autre aile. Par cette audacieuse fermeté, il rendit le courage à son armée, et gagna la bataille.

12 Dans la guerre que Marius fit aux Cimbres et aux Teutons, ses officiers marquèrent l'emplacement du camp avec si peu de prévoyance, que l'eau était au pouvoir des barbares. Comme les soldats en demandaient : « C'est là qu'il faut en prendre, » leur dit Marius, en montrant du doigt la position de l'ennemi. Cette vive réponse suffit pour que les barbares fussent en un instant chassés de leur camp.

13 T. Labienus, après la journée de Pharsale, se réfugia à Dyrrachium avec l'armée vaincue, et là, sans dissimuler l'issue de la bataille, il tempéra le vrai par le faux, en affirmant que la fortune

1 Il y a ici une double erreur historique. Ce n'est pas le consul M. Fabius qui fut blessé, mais son frère Q. Fabius, qui servait sous ses ordres ; et le combat ne fut pas rétabli par Manlius, mais bien par M. Fabius, le consul. Voyez Tite-Live, liv. II, ch. 46 et suiv.

Sextus Julius Frontin

était égale des deux côtés, attendu que César était grièvement blessé. Cette assertion rendit la confiance au reste du parti de Pompée.

14 Pendant que les Étoliens attaquaient la flotte de nos alliés, près d'Ambracie, M. Caton, s'avançant audacieusement avec une seule barque, et sans escorte, se mit à crier et à faire des gestes, comme s'il appelait des vaisseaux romains qui le suivissent. Cette feinte assurance épouvanta les Étoliens, qui croyaient déjà voir approcher ceux auxquels les signaux semblaient s'adresser : craignant d'être défaits par une flotte romaine, ils abandonnèrent leur attaque.

VIII. Rétablir le combat par un acte de fermeté.

1 Dans le combat que le roi Tarquin livra aux Sabins, la tête de l'armée agissant avec peu d'ardeur, Servius Tullius, encore très jeune, prit une enseigne et la jeta au milieu des ennemis[1]. Les Romains alors se battirent si vaillamment, qu'ils la reprirent, et remportèrent la victoire.

2 Le consul Furius Agrippa, voyant plier l'aile qu'il commandait, arracha une enseigne des mains d'un soldat, la jeta dans les rangs des Herniques et des Èques, et rétablit ainsi le combat[2] : car les Romains firent des prodiges de valeur pour recouvrer leur étendard.

3 Le consul T. Quinctius Capitolinus[3] lança une enseigne au milieu des Falisques, et ordonna à ses soldats de la reprendre.

4 Salvius Pelignus fit de même dans la guerre contre Persée.

5 M. Furius Camillus, tribun des soldats avec puissance de consul, voyant l'hésitation de son armée en présence des Volsques et des Latins, saisit par la main un porte-enseigne, et l'entraîna vers l'ennemi ; la honte força les autres à le suivre[4].

---

1 Pour exciter le courage des soldats, les anciens lançaient au milieu des ennemis non-seulement des enseignes ou des étendards, mais encore des armes.
2 Suivant Tite-Live (liv. III, ch. 70), c'étaient les Volsques, et non les Herniques, qui combattaient avec les Èques contre les Romains.
3 Il s'agit plutôt ici de T. Q. Cincinnatus. Voyez Tite-Live, liv. IV, ch. 26-29.
4 Le même fait est rapporté par Tite-Live, liv. VI, ch. 8.
Des moyens de ce genre ont été souvent mis en usage pour relever le moral du soldat. Ainsi, à la bataille d'Austerlitz, le 15e régiment léger, qui venait de se battre avec courage, se voyant forcé d'opérer un mouvement rétrograde, le faisait avec trop de pré-

6 M. Furius s'élança au-devant de ses soldats qui fuyaient, et leur déclara qu'aucun ne rentrerait dans le camp que victorieux. Les ayant ainsi ramenés au combat, il remporta la victoire.

7 Scipion, voyant ses troupes prendre la fuite près de Numance, leur annonça qu'il traiterait en ennemi tout soldat qu'il trouverait rentré au camp.

8 Le dictateur Servilius Priscus, voulant faire avancer les enseignes des légions contre les Falisques, tua un porte-enseigne qui hésitait. Les autres, effrayés cet exemple, fondirent sur l'ennemi.

9. Tarquin, livrant bataille aux Sabins, et voyant que sa cavalerie tardait à charger, donna l'ordre de débrider les chevaux, et de les lancer à toutes jambes pour rompre les rangs ennemis.

10 Cossus Cornélius, maître de la cavalerie, en fit autant contre les Fidénates.

11 Dans la guerre des Samnites, le consul M. Atilius opposa des troupes à ceux de ses soldats qui abandonnaient le champ de bataille pour se réfugier dans le camp, et déclara à ceux-ci qu'ils avaient à combattre contre lui-même et les bons citoyens, ou contre l'ennemi. Par ce moyen il les ramena tous au combat.

12 L. Sylla, voyant ses légions lâcher pied devant une armée de Mithridate, commandée par Archelaüs, tira son épée, courut en avant de la première ligne, et, s'adressant aux soldats : « Si l'on vous demande, dit-il, où vous avez laissé votre général, répondez : « Sur le champ de bataille, en Béotie. Aussitôt l'armée entière, saisie de honte, le suivit. »

13 Le divin Jules César, à la bataille de Munda, voyant ses troupes plier, fit emmener son cheval hors de leur vue, et courut à pied se mettre aux premiers rangs[1]. Les soldats, ayant honte d'abandonner

cipitation pour pouvoir se reformer, et arrêter la marche de l'infanterie russe, qu'il avait en tête. Le colonel Dulong saisit l'aigle du 2ᵉ bataillon, et s'écria : « Soldats ! je m'arrête ici ; abandonnerez-vous votre étendard et votre colonel ? » Le 2ᵉ bataillon se reforme, et reprend l'offensive ; le 1ᵉʳ bataillon en fait autant, et bientôt les Russes sont repoussés.

Le général Souvaroff, voyant ses troupes en déroute, courut à la tête des fuyards, se coucha par terre, et s'écria : « Qui osera passer sur le corps de son général ? » On assure qu'il réussit plusieurs fois, par cet expédient, à rétablir le combat.

1 Voyez le récit de la bataille de Munda, dans César (*Guerre d'Espagne*, ch. XXVIII – XXXI), qui ne dit pas avoir quitté son cheval pour combattre à pied.

« On dit que César fut sur le point de se donner la mort pendant la bataille de leur général, rétablirent le combat.

14 Philippe, craignant que les siens ne pussent soutenir l'attaque impétueuse des Scythes, plaça en arrière sa cavalerie la plus éprouvée, avec ordre de ne pas laisser fuir un seul soldat, et de faire main basse sur ceux qui s'obstineraient à lâcher pied. Tel fut l'effet de cette injonction, que, les plus lâches aimant mieux être tués par l'ennemi que par leurs camarades, Philippe remporta la victoire.

IX. De ce qu'il convient de faire après le combat. Si l'on a été heureux, il faut terminer la guerre[1].

1 C. Marius, ayant vaincu les Teutons, profita de la nuit, qui avait mis fin au combat, pour entourer le reste de leur armée ; et, au moyen d'un petit nombre de soldats, qui poussaient des cris de temps en temps, il tint ces barbares dans l'épouvante, et les priva de sommeil et de repos, ce qui lui rendit pour le lendemain la victoire plus facile.

2 Claudius Néron, vainqueur des Carthaginois qui avaient passé d'Espagne en Italie sous la conduite d'Hasdrubal, fit jeter la tête de celui-ci dans le camp d'Hannibal. Par là, en même temps qu'il accablait Hannibal de la douleur d'avoir perdu son frère, il ôtait à l'armée carthaginoise l'espérance du secours qu'elle attendait.

3 L. Sylla, devant Préneste, fit dresser sur des piques, à la vue des assiégés, les têtes de leurs chefs tués dans le combat, et triompha, par ce moyen, de leur obstination à se défendre.

4 Arminius, général des Germains, fit aussi porter sur des piques, près du camp des ennemis, les têtes de ceux qu'il avait tués.

Munda. Ce projet eût été bien funeste à son parti : il eût été battu comme Brutus et Cassius !... Un magistrat, un chef de parti peut-il abandonner les siens volontairement ? » (Napoléon.)

1 « Au commencement d'une campagne, il faut bien méditer si l'on doit, ou non, s'avancer ; mais, quand on a effectué l'offensive, il faut la soutenir jusqu'à la dernière extrémité. Quelle que soit l'habileté des manœuvres dans une retraite, elle affaiblira toujours le moral de l'armée, puisque, en perdant les chances de succès, on les remet entre les mains de l'ennemi. Les retraites, d'ailleurs, coûtent beaucoup plus d'hommes et de matériel que les affaires les plus sanglantes ; avec cette différence que, dans une bataille, l'ennemi perd à peu près autant que vous, tandis que, dans une retraite, vous perdez sans qu'il perde. » (Napoléon.)

5 Domitius Corbulon, assiégeant Tigranocerte, et voyant les Arméniens résolus à se défendre vigoureusement, fit mettre à mort un de leurs grands qui était son prisonnier, et lancer sa tête, par une baliste, jusque dans leurs retranchements : par un effet du hasard, elle tomba au milieu des barbares, qui tenaient conseil en cet instant même. À cet aspect, épouvantés comme par un prodige, ils s'empressèrent de se rendre.

6 Hermocrate de Syracuse, ayant vaincu les Carthaginois, et craignant que ses prisonniers, dont le nombre était considérable, ne fussent pas gardés avec assez de vigilance, parce que l'heureuse issue du combat pouvait engager ses soldats à faire festin et à négliger le devoir, annonça faussement qu'il devait être attaqué la nuit suivante par la cavalerie ennemie. Dans cette attente, les postes veillèrent avec plus de soin que de coutume.

7 Le même général, voyant que ses troupes, auxquelles le succès inspirait trop de sécurité, étaient ensevelies dans le sommeil et dans le vin, envoya chez les ennemis un espion qui, après s'être fait passer pour déserteur, les avertit que les Syracusains leur avaient tendu des embûches de tous côtés, et les retint dans leur camp par la crainte. Lorsque, plus tard, ils se furent mis en route, les troupes d'Hermocrate les poursuivirent, les culbutèrent dans des ravins, et les défirent une seconde fois.

X. Si l'on a essuyé des revers, il faut y remédier.

1 T. Didius, après avoir soutenu contre les Espagnols un combat opiniâtre, qui fut interrompu par la nuit, et dans lequel il périt beaucoup de monde de part et d'autre, eut soin de donner la sépulture, pendant cette nuit même, à une grande partie de ses morts. Les Espagnols, étant venus le lendemain pour rendre le même devoir aux leurs, et les ayant trouvés plus nombreux que ceux de leurs ennemis, conclurent de cette différence qu'ils étaient vaincus, et se soumirent aux conditions du général romain.

2 L. Marcius, chevalier romain, qui commandait les restes de l'armée des deux Scipions, se trouvant dans le voisinage de deux camps carthaginois éloignés de quelques milles l'un de l'autre, encouragea ses soldats et attaqua, au milieu de la nuit, le camp le plus

rapproché. Il tomba sur les ennemis au moment où, se reposant sur leur victoire, ils étaient peu sur leurs gardes, et n'en laissa pas échapper un seul qui pût annoncer leur désastre ; puis, après un instant de repos donné à ses troupes, il alla, dans la même nuit, devançant le bruit de son expédition, fondre sur l'autre camp. Par le double échec qu'il fit éprouver aux Carthaginois, il rétablit en Espagne la domination du peuple romain.

XI. Maintenir dans le devoir ceux dont la fidélité est douteuse.

1 P. Valerius, craignant une révolte des habitants d'Épidaure, parce qu'il n'avait que peu de troupes dans cette ville, prépara des jeux gymniques loin des murs. Presque toute la population étant sortie pour jouir de ce spectacle, il ferma les portes, et ne laissa rentrer les Épidauriens qu'après s'être fait donner des otages par les premiers citoyens.

2 Cn. Pompée, qui se méfiait de ceux de Catane, et craignait qu'ils ne reçussent pas ses troupes en garnison, les pria de permettre à ses malades de séjourner temporairement dans leur ville pour se rétablir ; et, à l'aide de ses meilleurs soldats, qu'il y envoya en les faisant passer pour des malades, il se rendit maître de la place, et la retint dans l'obéissance.

3 Alexandre, marchant vers l'Asie, après avoir vaincu et soumis les Thraces, et craignant que ces peuples ne reprissent les armes après son départ, emmena avec lui, comme à titre d'honneur, leurs rois, leurs généraux, et tous ceux qui paraissaient avoir à cœur leur liberté perdue ; puis il mit le peuple sous la domination de plé- béiens qui, lui étant redevables de leur élévation, ne voulurent rien changer à ce qu'il avait fait ; et la nation ne put rien entreprendre, n'ayant plus ses véritables chefs.

4 Antipater, voyant arriver les premières troupes des Nicéens, qui, sur un bruit de la mort d'Alexandre, étaient accourus pour ravager ses provinces, feignit d'ignorer leurs intentions, les remercia d'être ainsi venus au secours d'Alexandre contre les Lacédémoniens, et ajouta qu'il en informerait le roi, les engageant, au reste, à retour- ner chez eux, parce qu'il n'avait pas besoin de leurs services pour le moment. Cet artifice écarta le danger, que rendait imminent le

nouvel état des choses.

3 Scipion l'Africain, à qui l'on présenta, en Espagne, entre autres captives, une jeune fille en âge d'être mariée, et dont la rare beauté attirait tous les regards, ordonna qu'elle fût gardée avec soin, et la rendit à son fiancé, qui se nommait Allucius. En outre, l'or que les parents de cette jeune fille avaient apporté pour sa rançon, fut remis en dot par Scipion au fiancé lui-même. Leur nation entière, gagnée par de tels actes de grandeur d'âme, se soumit à l'empire du peuple romain.

4 Alexandre, roi de Macédoine, eut, dit-on, tant d'égards et de respect pour une jeune captive d'une grande beauté, fiancée à un prince d'une nation voisine, qu'il ne jeta pas même les yeux sur elle. Il la renvoya sur-le-champ à celui qu'elle devait épouser, et ce bien fait lui concilia l'amitié de toute la nation.

7 L'empereur César Auguste, dans la guerre où ses victoires sur les Germains lui valurent le surnom de Germanicus, ayant établi des forts sur le territoire des Ubiens, accorda une indemnité à ces peuples pour la perte du revenu des terrains compris dans les retranchements. Cet acte de justice, que la renommée publia, lui assura la fidélité de tous.

XII. Ce qu'il faut faire pour la défense du camp, lorsqu'on n'a pas assez de confiance en ses forces.

1 Le consul T. Quinctius, au moment où les Volsques se disposaient à attaquer son camp, ne retint sous les armes qu'une seule cohorte, envoya le reste de son armée se reposer, et ordonna aux trompettes de monter à cheval et de sonner en faisant le tour des retranchements. Cette fausse apparence ayant tenu les ennemis à distance et sur pied pendant toute la nuit, Quinctius fondit sur eux au point du jour, et défit aisément des troupes fatiguées de n'avoir pas dormi.

2 Q. Sertorius, en Espagne, ayant une nombreuse cavalerie, qui s'avançait trop audacieusement jusque vers les retranchements de l'ennemi, fit creuser, pendant la nuit, des fosses disposées de manière à couvrir son armée ; puis, lorsque ses cavaliers voulurent sortir comme de coutume, il leur annonça qu'il était informé que

l'ennemi avait dressé des embûches, et leur défendit, pour cela même, de s'éloigner de leurs enseignes, et de quitter leurs rangs. Grâce à cet acte d'adresse et de discipline, ses troupes qui, par hasard, donnèrent dans une véritable embuscade, n'en prirent point l'épouvante, parce qu'il les avait averties.

3 Charès, général athénien, qui attendait du secours, et pensait que dans l'intervalle les ennemis, n'ayant rien à redouter du petit nombre de ses soldats, viendraient attaquer son camp, fit sortir la plus grande partie de ses troupes pendant la nuit, et par derrière, avec ordre de rentrer du côté où elles seraient le mieux à la vue de l'ennemi, pour faire croire que des renforts arrivaient. Cet artifice le mit en sûreté jusqu'à ce qu'il eût reçu les troupes qu'il attendait.

4 Iphicrate, général athénien, étant campé dans une plaine, et ayant appris que les Thraces, qui s'étaient établis sur des collines d'où l'on ne pouvait descendre que par un seul endroit, avaient dessein de venir piller son camp pendant la nuit, fit sortir secrètement ses troupes et les posta de chaque côté du chemin par lequel les Thraces devaient passer ; et, lorsque ceux-ci accoururent du haut des collines vers le camp, où un grand nombre de feux, allumés par les soins de quelques hommes, faisaient croire à la présence de toute l'armée, il les attaqua par les deux flancs et les tailla en pièces.

XIII. De la retraite.

1 Les Gaulois, étant près d'en venir aux mains avec Attale, confièrent tout leur or et leur argent à des hommes sûrs, qui avaient ordre, en cas de défaite, de le semer dans la campagne, afin que l'ennemi, occupé à ramasser ce butin, les laissât échapper plus facilement.

2 Tryphon, roi de Syrie, vaincu et obligé de fuir, sema de l'argent le long de son chemin ; et, tandis que la cavalerie d'Antiochus s'arrêtait à le recueillir, il opéra sa retraite.

3 Q. Sertorius, défait par Metellus Pius, et craignant de ne pouvoir assurer sa retraite, ordonna à ses soldats de se disperser en prenant la fuite, et leur fit connaître le lieu où il voulait qu'on se ralliât.

4 Viriathe, chef des Lusitaniens, échappa à la poursuite de notre armée et au désavantage des lieux, par le même moyen que

Sertorius, en dispersant ses troupes pour les rassembler ensuite[1].

5 Horatius Coclès, vivement poursuivi par l'armée de Porsena, fit rentrer ses compagnons dans Rome par un pont qu'il ordonna de couper aussitôt, pour arrêter la poursuite de l'ennemi. Pendant cette opération, Coclès soutenait seul, à la tête du pont, les efforts des assaillants ; et, quand il entendit le fracas de ce pont qui tombait, il se jeta dans le fleuve et le traversa à la nage, chargé de ses armes et couvert de blessures.

6 Afranius, fuyant du côté d'Ilerda, en Espagne, devant César, qui le suivait de près, s'arrêta pour camper ; et, lorsque César en eut fait autant, et eut envoyé ses soldats au fourrage, Afranius donna tout à coup le signal du départ.

7 Antoine, faisant retraite, vivement pressé par les Parthes, et s'étant aperçu que toutes les fois qu'il se mettait en route au point du jour, ses troupes étaient assaillies par les flèches de ces barbares, se tint dans son camp jusqu'à la cinquième heure, pour que l'on crût qu'il voulait y séjourner. Dans cette confiance, les Parthes se dispersèrent, et Antoine fit sans obstacle une marche ordinaire pendant le reste du jour.

8 Philippe, vaincu en Épire par les Romains, et craignant d'être accablé dans sa retraite, demanda et obtint une trêve pour ensevelir ses morts ; et, la vigilance des postes romains s'étant relâchée pendant ce temps, il s'échappa.

9 P. Claudius, battu sur mer par les Carthaginois[2], et obligé de traverser des parages qu'ils occupaient, orna, comme s'il eût été vainqueur, les vingt vaisseaux qui lui restaient, et gagna le large en intimidant ainsi les Carthaginois, qui crurent que les Romains avaient remporté la victoire.

10 La flotte carthaginoise, défaite et poursuivie par les Romains, feignit, pour leur échapper, de s'être engagée sur un banc de sable ; et, imitant la manœuvre de vaisseaux engravés, elle réussit à faire

---

1 Ce système de retraite, par dispersion suivie du ralliement, est à peu près celui que pratiquent encore aujourd'hui les Arabes en Afrique, devant les troupes françaises.
2 Florus (liv. II, ch. 2) dit un mot de cette défaite, qu'il attribue à un acte irréligieux de Claudius. Au moment où il se préparait à livrer bataille, on vint le prévenir que les poulets sacrés refusaient de sortir de leur cage, et ne voulaient pas manger, ce qui était un fort mauvais présage : « Eh bien, dit-il, s'ils ne veulent pas manger, qu'ils boivent. » Il les fit jeter à la mer, et donna le signal de l'attaque : *Inde mali labes.*

craindre le même embarras aux vainqueurs, qui lui laissèrent la retraite libre.

11 Commius, chef des Atrébates, vaincu par Jules César, et voulant passer de la Gaule dans la Bretagne, vint sur le bord de l'Océan, où il trouva le vent favorable, mais la marée basse. Quoique ses vaisseaux fussent à sec sur le rivage, il fit néammoins tendre les voiles. César, qui le poursuivait, ayant vu de loin les voiles déployées, et enflées par le vent, se retira, persuadé que l'ennemi voguait heureusement, et lu échappait.

LIVRE TROISIÈME
PRÉFACE.

Si les deux premiers livres ont répondu à leurs titres et mérité jusqu'ici l'attention du lecteur, nous offrirons dans celui-ci, les stratagèmes qui intéressent l'attaque et la défense des villes ; et, sans nous arrêter à aucun avant-propos, nous indiquerons d'abord les exemples utiles aux assiégeants, puis ceux qui peuvent instruire les assiégés. Ayant laissé de côté les ouvrages et machines de siège[1], dont la découverte, depuis longtemps perfectionnée, n'offre plus à l'art une matière nouvelle, nous avons classé comme il suit les ruses qui regardent l'attaque :

Chapitres

I Des attaques soudaines.

II. Tromper les assiégés.

---

1 On ne saurait croire à quelle antiquité remontent l'invention et l'usage presque général des machines et des ouvrages de siège, et pendant combien de siècles les moyens d'attaque et de défense des villes et des camps retranchés sont restés les mêmes, avant la découverte de la poudre. M. Dureau de La Malle a établi, dans son ouvrage sur la poliorcétique des anciens, que, plus de vingt siècles avant l'ère chrétienne, les Égyptiens avaient porté à un point très-élevé l'art de fortifier les villes, et que leurs temples étaient de véritables citadelles ; que les monuments de Karnak, de Louqsor, etc., offrent des gabions, des machines pour l'escalade, et les tortues ; que chez les Hébreux, la mine ou la sape étaient employées du temps de Jacob ; que sous Ozias (870 av. J.-C.) on faisait usage de balistes et de catapultes ; enfin, que deux cents ans après, les villes étaient attaquées au moyen des tours mobiles, des terrasses, du bélier, etc., toutes choses que les peuples de l'Orient ont connues avant les Grecs.

I. Des attaques soudaines.

1 Le consul T. Quinctius, ayant vaincu en bataille rangée les Èques et les Volsques, et voulant s'emparer de la ville d'Antium, appela ses troupes à l'assemblée, leur montra combien l'entreprise était nécessaire, et combien elle était facile si on ne la différait pas ; alors, profitant de l'enthousiasme qu'avait inspiré sa harangue, il donna l'assaut à la ville.

2 M. Caton, étant en Espagne, s'aperçut qu'une certaine ville pouvait tomber en son pouvoir s'il l'attaquait à l'improviste. Dans ce but, il fit en deux jours une marche de quatre journées, à travers des lieux difficiles et déserts, et surprit les ennemis, qui ne s'attendaient à rien de semblable. Après la victoire, ses soldats lui ayant demandé ce qui leur avait rendu cette conquête si facile, il leur répondit que le succès était acquis dès le moment où ils avaient

franchi en deux jours la distance de quatre journées de marche[1].

II. Tromper les assiégés.

1 Domitius Calvinus, assiégeant Lima, ville de Ligurie, défendue non seulement par sa position naturelle et par ses ouvrages de fortification, mais encore par une garnison excellente, menait souvent ses troupes autour des murs de la place, et les faisait ensuite rentrer au camp. Cette manœuvre habituelle fît croire aux assiégés que ce n'était, de la part des Romains, qu'un simple exercice, et leur ôta toute crainte d'une tentative. Mais, changeant tout à coup sa promenade en attaque, Domitius escalada les remparts et força les habitants à se rendre.

2 Le consul. C. Duilius, en conduisant souvent à la manœuvre ses soldats et ses rameurs, réussit à n'inspirer aux Carthaginois aucune méfiance à l'égard de ses exercices jusque-là inoffensifs ; et, s'approchant tout à coup avec sa flotte, il se rendit maître de la place.

3 Hannibal s'empara de plusieurs villes d'Italie après y avoir envoyé, sous le costume romain, quelques-uns des siens qui, pendant de longues guerres en ce pays, avaient appris la langue latine.

4 Les Arcadiens, assiégeant un château de Messénie, se fabriquèrent des armes semblables à celles des ennemis ; et, dans le temps où ils savaient que la garnison devait être changée, ils prirent le costume des troupes attendues, déguisement qui les fit admettre comme amis, et se rendirent maîtres de la place en exterminant la garnison.

5 Cimon, général athénien, voulant surprendre une ville de Carie, mit le feu pendant la nuit, lorsqu'on s'y attendait le moins, à un temple de Diane vénéré dans ce pays, ainsi qu'à un bois sacré situé hors des remparts ; et, quand les habitants furent sortis en foule pour éteindre l'incendie, Cimon prit la ville, restée sans défenseurs.

5 Alcibiade, général athénien, faisant le siège d'Agrigente, ville bien fortifiée, demanda aux habitants une assemblée générale, comme pour y traiter d'affaires qui intéressaient les deux parties belligérantes, et les harangua longtemps au théâtre, où, selon

1 Ceci rappelle le mot du maréchal de Saxe : « Tout le secret de la guerre est dans les jambes. » Mais peut-être le maréchal avait-il en vue, à côté des avantages de la vitesse, ceux du pas emboîté, dont il est l'inventeur.

l'usage des Grecs, avaient lieu les réunions de ce genre. Tandis que, sous prétexte de délibération, il retenait la multitude, les Athéniens, apostés à cet effet, s'emparèrent de la ville, qui n'était point gardée.

6 Épaminondas, général thébain, ayant vu pendant un jour de fête, en Arcadie, les femmes d'une ville ennemie se répandre confusément hors des murs, envoya parmi elles un grand nombre de ses soldats qui avaient pris des habits de femmes, et qui, à l'aide de ce déguisement, entrèrent dans la ville à nuit tombante, s'en rendirent maîtres, et ouvrirent les portes à leurs compagnons.

7 Aristippe de Lacédémone, un jour que les Tégéates étaient sortis en foule de leur ville pour célébrer une fête de Minerve, chargea des bêtes de somme de sacs à blé remplis de paille, et les fit conduire par des soldats qui, ayant l'air de marchands, entrèrent dans la ville sans être observés, et ouvrirent les portes[1] aux Lacédémoniens.

9 Antiochus, assiégeant le château de Suenda, en Cappadoce, s'empara des bêtes de charge sorties pour aller à la provision, tua les valets qui les conduisaient, et revêtit de leurs habits des soldats qu'il envoya à leur place comme ramenant du blé. Leur costume ayant trompé les gardes, ils pénétrèrent dans le château et y firent entrer l'armée d'Antiochus.

10 Les Thébains, ne pouvant s'emparer de vive force du port de Sicyone, remplirent de soldats armés un vaisseau sur lequel ils étalèrent des marchandises, comme sur un navire de commerce, afin de tromper l'ennemi ; puis ils apostèrent derrière les murs les plus éloignés du port, quelques hommes auxquels ils avaient donné l'ordre de simuler une rixe avec d'autres gens qu'ils faisaient débarquer sans armes. Les habitants de Sicyone étant accourus pour apaiser cette querelle, les vaisseaux thébains prirent le port resté sans défense, ainsi que la ville.

11 Timarque, général étolien, ayant tué Charmade, lieutenant du roi Ptolémée, se couvrit du manteau et du bonnet macédonien de ce chef[2]. À l'aide de ce déguisement, il fut reçu pour Charmade

1 Ce stratagème rappelle l'artifice à l'aide duquel les Espagnols s'emparèrent d'Amiens en 1597. Des soldats, déguisés en paysans, entrèrent dans la ville en conduisant une voiture chargée de noix, dont ils laissèrent tomber une certaine quantité. Pendant que les gardiens des portes en ramassaient, les soldats déguisés les sabrèrent, et ouvrirent la ville à l'armée qui les suivait.

2 Les déguisements ont été de tout temps en usage pour surprendre ou pour recon-

dans le port de Samos, dont il se rendit maître.

III. Avoir des intelligences dans la place.

1 Le consul Papirius Cursor, faisant le siège de Tarente, que dé-fendait Milon avec une garnison d'Épirotes, promit à ce chef la vie sauve, pour lui et pour ses compatriotes, s'il lui facilitait la prise de la ville. Séduit par cette offre, Milon se fit envoyer en mission par les Tarentins vers le consul ; d'après les promesses qu'il rap-porta, scellées par un traité, les habitants s'abandonnèrent à une trop confiante sécurité, et la ville, dès lors mal gardée, fut livrée à Papirius Cursor.

2 Au siège de Syracuse, M. Marcellus, ayant gagné un certain Sosistrate, apprit de lui que la garde serait moins vigilante que de coutume pendant un jour de fête, où Épicyde devait faire au peuple des largesses de vin et de bonne chère. Ayant donc épié ce moment de plaisir et, par conséquent, de négligence, Marcellus franchit les remparts, égorgea les sentinelles, et ouvrit à l'armée romaine cette ville illustrée par d'éclatantes victoires.

3 Tarquin le Superbe, ne pouvant se rendre maître de Gabies, envoya dans cette ville son fils Sestus, après l'avoir fait battre de verges. Celui-ci, se plaignant de la cruauté de son père, engagea les Gabiens à tirer profit de son ressentiment ; et, quand il fut investi du commandement de leur armée, il livra la ville à son père.

4 Cyrus[1], roi de Perse, avait un courtisan d'une fidélité éprouvée, nommé Zopyre, qui, s'étant fait à dessein mutiler le visage, pas-sa chez les ennemis. Il se plaignit des outrages dont il portait les marques, et on le crut irréconciliable ennemi de Cyrus, opinion qu'il confirma en se plaçant, dans toutes les rencontres, à la tête des

naître les places. Ainsi Catinat prit les habits d'un charbonnier pour entrer dans Luxembourg, et constater l'état des fortifications de cette ville.

Après la paix de Tilsitt, la ville de Pilau, port de mer sur la Baltique, ayant refusé d'ouvrir ses portes aux Français, le général Saint-Hilaire en fit le siège. Dans le cours des hostilités, ce général convint d'une entrevue avec le gouverneur, et se fit accom-pagner dans l'intérieur de la ville par le colonel du génie Séruzier, qui se déguisa en hussard, pour n'inspirer aucune défiance, et reconnut les points attaquables des fortifications.

Cette ruse contribua à mettre les Français en possession de la place.

1 Il y a ici erreur de l'auteur ou des copistes : il faut lire Darius et non Cyrus. — Voyez Hérodote, liv. III, ch. 153 ; et Justin, liv. I, ch. 1o.

combattants, et en dirigeant les décharges de traits contre Cyrus lui-même ; puis, lorsqu'on lui eut confié la défense de Babylone, il livra la ville à son roi.

5 Philippe, à qui les habitants de Sana refusaient l'entrée de leur ville, corrompit Apollonius, leur chef, et l'engagea à placer dans l'ouverture même de l'une des portes, une voiture chargée de pierres de taille Cet ordre exécuté, Philippe donna le signal de l'attaque, et défit par surprise les assiégés, qui étaient accourus en désordre pour fermer leur porte embarrassée.

6 Hannibal, assiégeant Tarente, alors défendue par une garnison romaine, sous le commandement de Livius, gagna un Tarentin nommé Cononée, qui, pour tromper les habitants, sortait la nuit sous prétexte d'aller à la chasse, ce que la présence de l'ennemi rendait impossible pendant le jour. Quand il était hors des murs, les Carthaginois lui fournissaient secrètement des sangliers, qu'il présentait ensuite à Livius comme provenant, de sa chasse. Ces sorties, souvent renouvelées, éveillant de moins en moins l'attention, Hannibal, une certaine nuit, déguisa des Carthaginois en chasseurs, et les mêla à ceux qui accompagnaient Cononée. Ils entrèrent dans la ville chargés de gibier, se jetèrent aussitôt sur les gardes et les égorgèrent ; ensuite ils brisèrent la porte, et introduisirent Hannibal avec ses troupes, qui firent main basse sur tous les Romains, à l'exception de ceux qui s'étaient réfugiés dans la citadelle.

7 Lysimaque, roi de Macédoine, faisait le siège d'Éphèse, et cette ville était secourue par Mandron, chef de pirates. Comme celui-ci amenait souvent au port ses vaisseaux chargés de butin, Lysimaque parvint à le gagner, et envoya avec lui les plus braves de ses soldats, que le pirate fit entrer dans Éphèse les mains liées, comme des prisonniers. Quelque temps après, ces mêmes hommes prirent des armes dans la citadelle, et livrèrent la ville à leur roi.

IV. Des moyens de réduire l'ennemi par famine.

1 Fabius Maximus, ayant ravagé le territoire de Capoue, et voulant ôter à cette ville tout espoir de soutenir un siège, se retira au moment des semailles, afin de laisser les habitants répandre dans

leurs champs le blé qui leur restait ; puis il revint sur ses pas, fit fouler aux pieds les semences, qui déjà étaient en herbe, et la famine le rendit maître du pays[1].

2 Antigone en fit autant aux Athéniens.

3 Denys voulant, après s'être emparé de plusieurs villes, attaquer celle de Rhegium, qui avait une garnison nombreuse, feignit de vouloir maintenir la paix avec elle, et lui demanda des vivres pour son armée. Aussitôt qu'il en eut obtenu, et qu'il eut ainsi épuisé les greniers des habitants, il profita de leur disette pour les attaquer, et la ville tomba en son pouvoir.

4 On dit qu'il agit de même à l'égard des Athéniens.

5 Alexandre, ayant le projet d'assiéger Leucadie, où les vivres étaient en abondance, s'empara d'abord des châteaux situés au voisinage, et permit à toutes leurs garnisons de se réfugier dans cette ville, afin que les provisions fussent plus tôt consommées par un plus grand nombre de personnes.

6 Phalaris, tyran d'Agrigente, après avoir mis le siège devant quelques places de Sicile bien fortifiées, feignit d'entrer en accommodement avec elles, et se retira en leur laissant en dépôt des blés qu'il disait avoir de reste ; ensuite il eut soin de faire percer les toits des magasins où il les avait placés, afin que la pluie les corrompît ; et, lorsque les habitants, qui comptaient sur cet approvisionnement, eurent consommé leurs propres blés, il revint les attaquer au commencement de l'été, et les contraignit par famine à se rendre.

V. Comment on fait croire que l'on continuera le siège.

1 Cléarque, général lacédémonien, étant informé que les Thraces avaient transporté sur des montagnes leurs provisions de bouche, et qu'ils ne tenaient contre lui que dans l'espérance de le voir forcé par la disette à se retirer, ordonna, dans le moment où il s'attendait à l'arrivée de leurs députés, qu'on tuât sous leurs yeux un prisonnier, dont la chair serait distribuée par morceaux dans les tentes, comme pour servir de nourriture aux soldats. Les Thraces, per-

---

1 Suivant Tite-Live, qui rapporte ce fait (liv.XXIII, ch. 18), Fabius n'aurait pu réduire Capoue par famine, puisque cette ville ne fut prise que deux ans après, ainsi que nous l'apprend le même historien, liv.XXVI, ch. 8 – 14.

suadés que rien ne triompherait jamais de la persévérance d'un homme qui pouvait recourir à de si horribles aliments, lui firent leur soumission.

2 Les Lusitaniens ayant dit à Tiberius Gracchus qu'ils avaient des vivres pour dix ans, et qu'ils ne redoutaient pas un siège, il leur répondit : « Je vous prendrai la onzième année. » Ce mot les effraya tellement, qu'ils se rendirent aussitôt, quoiqu'ils fussent bien approvisionnés.

3 Pendant que A. Torquatus assiégeait une ville de la Grèce, on lui dit que les jeunes gens de ce lieu étaient fort habiles à lancer le javelot et les flèches : « Je ne les vendrai que plus cher dans quelques jours, » répondit-il.

VI. Ruiner les garnisons ennemies[1].

1 Lorsque Hannibal eut repassé en Afrique, Scipion, sachant que

1 Les sept exemples contenus dans ce chapitre ne parlent pas des lignes de circonvallation et de contrevallation que les assiégeants établissent pour couvrir les travaux de siège, et pour tenir en échec les troupes qui peuvent venir au secours de la place. Il est cependant prouvé que César et d'autres capitaines de l'antiquité en ont fait usage. « Il n'y a que deux moyens d'assurer le siège d'une place : l'un, de commencer par battre l'armée ennemie chargée de couvrir cette place, l'éloigner du champ d'opérations, et en jeter les débris au delà de quelque obstacle naturel, tel que des montagnes ou une grande rivière ; ce premier obstacle vaincu, il faut placer une armée d'observation derrière cet obstacle naturel, jusqu'à ce que les travaux du siège soient achevés, et la place prise. Mais, si l'on veut prendre la place devant une armée de secours, sans risquer une bataille, il faut être pourvu d'un équipage de siège, avoir ses munitions et ses vivres pour le temps présumé de la durée du siège, et former ses lignes de contrevallation et de circonvallation en s'aidant des localités, telles que hauteurs, bois, marais, inondations. N'ayant plus alors besoin d'entretenir aucunes communications avec les places de dépôt, il n'est plus besoin que de contenir l'armée de secours ; dans ce cas, on forme une armée d'observation qui ne la perd pas de vue, et qui, lui barrant le chemin de la place, a toujours le temps d'arriver sur ses flancs ou sur ses derrières, si elle lui dérobait une marche. En profitant des lignes de contrevallation, on peut employer une partie du corps assiégeant pour livrer bataille à l'armée de secours. Ainsi, pour assiéger une place devant une armée ennemie, il faut en couvrir le siège par des lignes de circonvallation. Si l'armée est assez forte pour qu'après avoir laissé devant la place un corps quadruple de la garnison, elle soit encore aussi nombreuse que l'armée de secours, elle peut s'éloigner de plus d'une marche ; si elle reste inférieure après ce détachement, elle doit se placer à une petite journée de marche du siège, afin de pouvoir se replier sur les lignes, ou bien recevoir du secours en cas d'attaque. Si les deux armées de siège et d'observation ensemble ne sont qu'égales à l'armée de secours, l'armée assiégeante doit tout entière rester dans

plusieurs villes, dont ses plans exigeaient qu'il se rendît maître, étaient défendues par de fortes garnisons, envoyait de temps en temps quelques troupes pour les inquiéter. Il se présenta enfin lui-même comme pour les enlever de vive force ; puis il feignit d'avoir peur, et fit un mouvement de retraite. Hannibal, persuadé que son ennemi avait réellement pris l'épouvante, appela de toutes parts les garnisons, afin d'engager une affaire décisive, et se mit à sa poursuite. Scipion obtint par là ce qu'il désirait : les villes étant restées sans défense, il envoya les Numides, sous les ordres de Masinissa, pour s'en emparer.

2 P. Cornélius Scipion, ayant senti la difficulté de prendre Delminium, parce que toutes les troupes du pays s'étaient réunies pour défendre cette ville, alla se présenter devant d'autres places. Ces troupes étant par là forcées de courir à la défense de leurs villes respectives, Delminium se trouva dépourvue de secours[1], et Scipion s'en empara.

3 Pyrrhus, roi d'Épire, voulant se rendre maître de la capitale des Illyriens, mais ne pouvant compter sur le succès, mit le siège devant quelques autres de leurs villes. il en résulta que les ennemis, ayant la con fiance que leur capitale était assez en sûreté par ses fortifications, se séparèrent pour aller secourir les places attaquées : alors les lignes ou près des lignes, et s'occuper des travaux de siège, pour le pousser avec toute l'activité possible.

« Feuquières a dit qu'on ne doit jamais attendre son ennemi dans les lignes de circonvallation, et qu'on doit en sortir pour l'attaque. Il est dans l'erreur ; rien ne peut être absolu à la guerre, et on ne doit pas proscrire le parti d'attendre son ennemi dans les lignes de circonvallation.

« Ceux qui proscrivent les lignes de circonvallation et tous les secours que l'art de l'ingénieur peut donner, se privent gratuitement d'une force et d'un moyen auxiliaire qui ne sont jamais nuisibles, presque toujours utiles, et souvent indispensables. Cependant les principes de la fortification de campagne ont besoin d'être améliorés ; cette partie importante de l'art de la guerre n'a fait aucuns progrès depuis les anciens : elle est même aujourd'hui au-dessous de ce qu'elle était il y a deux mille ans. Il faut donc encourager les officiers du génie à perfectionner cette partie de leur art, et à la porter au niveau des autres. » (Napoléon.)

1 Les Crotoniates, qui sans doute avaient une citadelle, ainsi que les Épirotes et les habitants de Delminium, dont il est question dans les deux exemples précédents, ont péché contre la maxime suivante :

« Les circonstances ne permettant pas de laisser une garnison suffisante pour défendre une ville de guerre où l'on aurait un hôpital et des magasins, on doit au moins employer tous les moyens possibles pour mettre la citadelle à l'abri d'un coup de main. » (Napoléon.)

Pyrrhus, rassemblant de nouveau toutes ses troupes, s'empara de la ville, que ses défenseurs avaient abandonnée.

4 Le consul Cornélius Rufinus, ayant assiégé pendant quelque temps, mais en vain, la ville de Crotone, que rendait imprenable une garnison auxiliaire de Lucanie, feignit de renoncer à son dessein. Un prisonnier, qu'il avait gagné à force d'argent, se rendit à Crotone, comme s'il se fût évadé de sa prison, et assura que les Romains étaient en pleine retraite. Les Crotoniates, dans cette croyance, congédièrent leurs alliés, et, réduits à leurs propres forces, furent pris au moment où ils s'y attendaient le moins.

5 Magon, général des Carthaginois, tenant Cn. Pison assiégé dans un fort, après l'avoir vaincu, et soupçonnant que des troupes venaient le secourir, envoya à leur rencontre un faux transfuge, qui leur annonça que Pison était déjà pris. Cet artifice les ayant fait retirer, Magon acheva sa victoire.

6 Alcibiade, faisant la guerre en Sicile[1], et voulant prendre Syracuse, choisit à Catane, où il était alors cantonné avec ses troupes, un homme d'une adresse éprouvée, et l'envoya secrètement près des Syracusains. Admis dans l'assemblée du peuple, cet émissaire fit entendre que les habitants de Catane nourrissaient la plus grande haine contre les Athéniens, et que, s'ils étaient secondés, ils auraient bientôt anéanti Alcibiade et son armée. Les Syracusains, se laissant persuader, marchèrent sur Catane avec toutes leurs forces, abandonnant leur propre ville. Alcibiade alors, l'attaquant du côté opposé, et la trouvant dégarnie de troupes, comme il l'avait espéré, la prît et la saccagea.

7 Cléonyime, général athénien, assiégeant Trézène, qui était gardée par des troupes de Cratère, lança dans la place des flèches sur lesquelles il avait écrit aux habitants qu'il n'était venu que pour délivrer leur république ; et en même temps il renvoya quelques prisonniers, après les avoir mis dans ses intérêts, afin qu'ils décriassent Cratère. Ayant, par ce moyen, semé la division chez les assiégés, il en profita pour faire approcher son armée, et se rendit maître de la ville.

---

1 Polyen (liv. I, ch. 4o. § 5) attribue, comme Frontin, cette ruse à Alcibiade ; mais Thucydide, qui entre dans les plus grands détails sur cette expédition en Sicile, dit positivement (liv. VI, ch. 64) qu'elle fut imaginée par Nicias et Lamachus. Alcibiade avait déjà été rappelé à Athènes pour y être jugé (Ibid., ch. 61).

VII. Détourner les rivières, et corrompre les eaux.

1 P. Servilius, ayant détourné une rivière qui donnait l'eau à la ville d'Isaure, força, par la soif, les habitants à se rendre.

2 C. César, assiégeant Cadurcum[1], ville des Gaules, qui était entourée d'une rivière, et abondamment pourvue de fontaines, la fit manquer d'eau en détournant les sources par des conduits souterrains, et en plaçant sur le bord de la rivière des archers qui en défendaient l'approche.

3 Dans l'Espagne Citérieure, Q. Metellus dirigea sur un camp ennemi, situé dans un lieu bas, les eaux d'une rivière qu'il détourna d'un terrain plus élevé, et, au moment où cette inondation subite jeta l'épouvante chez les ennemis, des troupes placées en embuscade les taillèrent en pièces.

4 Alexandre, assiégeant Babylone[2], que l'Euphrate traverse par le milieu, creusa un fossé le long duquel il éleva en même temps une terrasse, afin de persuader à l'ennemi que l'on ne tirait la terre que pour cette construction ; puis, ayant tout à coup dirigé l'eau dans la tranchée, il mit à sec le lit du fleuve, et s'en fit un passage pour entrer dans la ville. On dit que Sémiramis, faisant le siège de la même ville, détourna aussi l'Euphrate, et obtint le même résultat.

5 Clisthène de Sicyone coupa un aqueduc qui fournissait de l'eau à la ville de Crise ; et, quand les habitants eurent commencé à souffrir de la soif, il leur rendit l'eau, mais corrompue avec de l'ellébore : aussitôt qu'ils en eurent fait usage, un flux de ventre, qui les saisit, les mit hors d'état de se défendre, et la ville fut prise.

VIII. Jeter l'épouvante parmi les assiégés.

1 Philippe, ne pouvant enlever de vive force le château de Prinasse[3], fit amonceler de la terre au pied des fortifications,

---

1 Voyez la description de ce siège dans César, *Guerre des Gaules*, liv. VIII, ch. 40-43 – La ville de Cadurcum, aujourd'hui Cahors, était aussi appelée Uxellodunum.
2 Il y a ici une grave erreur de Frontin ou des copistes ; car tout le monde sait que ce fait n'appartient qu'à Cyrus. Voyez Xénophon, *Cyropédie*, liv. VII, ch. 5 ; Hérodote, liv. I, ch. 191 ; Polyen, liv. VII, ch. 6, §5.
3 Il s'agit ici de Philippe, fils de Demetrius. Cf. Polyen, liv. IV, ch. 18, § 1 ; et Polybe, liv. XVI, ch. 10.

comme s'il y pratiquait une mine. Les assiégés, croyant leurs murs sapés, se rendirent.

2 Pélopidas, général thébain, étant sur le point d'assiéger à la fois deux villes de Magnésie peu éloignées l'une de l'autre, ordonna que, pendant qu'il faisait avancer son armée sous les murs de l'une, quatre cavaliers, ayant des couronnes sur la tête, accourussent à toute bride, comme venant de l'autre camp thébain, pour annoncer la prise de l'autre ville. Afin de mieux encore tromper l'ennemi, il fit mettre le feu à une forêt située dans un lieu intermédiaire, et dont l'embrasement pouvait être pris pour celui de la place. Il voulut, en outre, qu'on lui amenât quelques soldats déguisés en prisonniers. Ces démonstrations jetèrent l'effroi parmi les assiégés, qui, se croyant déjà vaincus sur l'autre point, firent leur soumission.

3 Cyrus, roi de Perse, tenant Crésus enfermé dans la ville de Sardes, fit dresser du côté le moins accessible de la montagne sur laquelle elle était assise, des mâts aussi hauts que cette montagne, surmontés de figures d'hommes ayant le costume des Perses, et les approcha des remparts pendant la nuit ; puis, dès la pointe du jour il attaqua la ville du côté opposé, au moment où les premiers rayons du soleil faisaient briller les armes que portaient ces figures. Les assiégés, persuadés qu'ils étaient pris par derrière, s'enfuirent dispersés, laissant la victoire à l'ennemi.

IX. Attaquer du côté où l'on n'est pas attendu.

1 Scipion, assiégeant Carthagène, profita du moment où la marée baissait, pour s'approcher des murailles ; et, se disant guidé par Neptune, il traversa un étang dont les eaux avaient suivi le reflux de la mer, et livra l'attaque du côté où il n'était point attendu.

2 Fabius Maximus, fils de Fabius Cunctator, arrivé devant Arpi, où Hannibal avait mis garnison, reconnut la position de la ville, et

---

Le duc d'Anjou recourut à un moyen semblable pour s'emparer du château de Motrou. Après avoir fait amonceler de la terre au pied des murailles, et ouvrir une galerie de mine, de laquelle trois ouvriers jetaient non seulement de la terre, mais encore quelques débris de pierres, pour faire croire que les murs étaient déjà entamés, il envoya dire aux assiégés que les fortifications étaient minées, qu'on allait les faire sauter s'ils ne se rendaient pas sur-le-champ, et que, une fois l'assaut donné, les soldats ne feraient de quartier à personne.

Le général Légal usa aussi du même artifice devant la ville de Mouzon, en Lorraine.

Sextus Julius Frontin

envoya, par une nuit obscure, six cents soldats chargés de franchir, à l'aide d'échelles, la partie des remparts qui était la plus forte, par conséquent la plus mal gardée, et de briser la porte. Ceux-ci, favorisés par une pluie violente, dont le bruit empêchait d'entendre celui qu'ils faisaient, exécutèrent l'ordre qu'ils avaient reçu. Alors Fabius, au signal donné, attaqua par ce même côté, et prit la ville.

3 Dans la guerre contre Jugurtha, pendant que C. Marius assiégeait, près du fleuve Mulucha, un château construit sur un rocher accessible seulement par un étroit sentier, et taillé à pic de tout autre côté comme à dessein, un Ligurien auxiliaire, simple soldat, qui s'était avancé par hasard pour chercher de l'eau, et avait, en recueillant des limaçons, gagné le sommet du rocher, vint lui annoncer que l'on pouvait gravir jusqu'au château. Marius y envoya quelques centurions avec les soldats les plus agiles et les meilleurs trompettes, ayant tous la tête découverte pour mieux voir, les pieds nus pour grimper plus aisément sur les rochers, et leurs boucliers, ainsi que leurs épées, attachés à leur dos. Guidés par le Ligurien, ils s'aident, pour monter, de courroies et de clous, parviennent au château du côté opposé à l'attaque, où pour cela même ils ne trouvent pas de résistance, et se mettent à sonner de la trompette et à faire un grand bruit, selon l'ordre qu'ils ont reçu. À ce signal Marius encourage ses troupes et presse plus vivement les assiégés. Ceux-ci étant rappelés de l'autre côté de la place par une multitude intimidée qui la croit déjà prise par derrière[1], les Romains s'élancent à leur poursuite, et s'emparent du château.

4 Le consul L. Cornélius se rendit maître de plusieurs villes de Sardaigne, en débarquant pendant la nuit ses meilleures troupes, auxquelles il ordonnait de se cacher, et d'épier le moment où il reviendrait avec ses vaisseaux ; puis, lorsqu'il était descendu à terre lui-même, et voyait les ennemis s'avancer à sa rencontre, il simulait une retraite, et les attirait au loin à sa poursuite, afin que les places, alors dégarnies, fussent livrées à l'attaque de ses troupes embusquées.

5 Périclès, général athénien, assiégeant une ville qu'une défense bien concertée mettait à l'abri de ses efforts, fit pendant la nuit son-

ner la charge et pousser de grands cris vers la partie des remparts qui touchait à la mer. Les ennemis, persuadés que l'on entrait de ce côté, abandonnèrent les portes ; et Périclès, les trouvant sans défense, fit par là irruption dans la ville.

6 Alcibiade, général athénien, voulant prendre la ville de Cyzique, s'en approcha pendant la nuit à l'improviste, et fit sonner la charge du côté opposé à celui qu'il allait attaquer. Les assiégés pouvaient suffire à la défense de leurs remparts ; mais, comme tous se portèrent vers le lieu où ils croyaient qu'on donnait l'assaut, Alcibiade franchit les murailles sur un point qui ne lui offrait pas de résistance.

7 Pour s'emparer du port de Sicyone, Thrasybule de Milet fit plusieurs fausses attaques par terre ; et, quand il vit que les ennemis avaient dirigé leurs forces vers le lieu où il les harcelait, il entra dans le port avec sa flotte, sans qu'on s'y attendît.

8 Philippe, assiégeant une ville maritime, fit joindre ensemble deux vaisseaux que l'on couvrit de madriers, et sur lesquels on construisit des tours hors de la vue des assiégés ; puis il livra par terre une attaque avec d'autres tours. Pendant, qu'il tenait l'ennemi en échec de ce côté des remparts, de l'autre approchaient les deux vaisseaux, et par là, ne trouvant pas de résistance, il pénétra dans la ville.

9 Périclès voulant prendre, dans le Péloponnèse, un château où l'on ne pouvait arriver que par deux chemins, coupa l'un par un fossé, et se mit à fortifier l'autre. Les assiégés, en pleine sécurité quant au premier chemin, surveillèrent seulement celui qu'ils voyaient fortifier. Alors Périclès, ayant préparé des ponts, les jeta sur le fossé, et entra dans la place du côté où l'on ne craignait pas son approche.

10 Antiochus, faisant le siège d'Éphèse, ordonna aux Rhodiens, ses auxiliaires, d'attaquer le port pendant la nuit, en poussant de grands cris. Les assiégés y accoururent en foule et en désordre, laissant le reste des fortifications sans défenseurs ; et Antiochus, donnant l'assaut d'un autre côté, s'empara de la ville.

X. Pièges dans lesquels on attire les assiégés.

1 Caton, étant en présence des Lacétans, qu'il tenait assiégés dans leur place forte, mit en embuscade une grande partie de ses troupes, et ordonna à des Suessétans, ses auxiliaires, et fort mauvais soldats, de livrer l'attaque à la ville. Les Lacétans, dans une sortie, les mirent facilement en fuite ; et, comme ils s'acharnaient à les poursuivre, Caton s'empara de leur ville avec les cohortes qu'il avait cachées.

2 L. Scipion leva le siège qu'il avait mis devant une ville de Sardaigne, et donna à sa retraite l'apparence d'une fuite précipitée. La garnison s'étant mise imprudemment à sa poursuite, il se rendit maître de la place à l'aide de troupes qu'il avait embusquées dans le voisinage.

3 Hannibal, après avoir commencé le siège d'Himère, donna l'ordre de la retraite, laissant à dessein son camp aux ennemis, comme s'il ne pouvait tenir contre eux. Les Himéréens virent si peu le piège, que, dans la joie du succès, ils abandonnèrent leur ville pour courir au camp carthaginois. Hannibal, voyant alors la place sans défense, s'en empara avec des troupes qu'il avait cachées dans la prévision de cet événement.

4 Le même, pour attirer les Sagontins[1] dans une embuscade, s'approcha de leurs murailles avec un petit nombre d'hommes, et feignit de prendre la fuite dès la première sortie des assiégés. Ceux-ci, se trouvant coupés par l'armée carthaginoise, alors postée entre eux et la ville, furent enveloppés, et taillés en pièces.

5 Himilcon, général carthaginois, faisant le siège d'Agrigente, mit en embuscade, non loin de la place, une partie de ses troupes, avec ordre, lorsque les assiégés se seraient éloignés dans la campagne, d'allumer des feux avec du bois mouillé ; ensuite, s'étant lui-même avancé, dès le point du jour, à la tête du reste de son armée, pour attirer les ennemis au combat, il feignit de lâcher pied, et les entraîna au loin à sa poursuite. Ceux de l'embuscade mirent le feu à des monceaux de bois en avant des murailles, comme ils en avaient reçu l'ordre ; et les Agrigentins, à la vue de la fumée qui s'élevait, crurent que leur ville était embrasée. Tandis qu'ils retournaient à

1 Au lieu de ce mot, il faudrait peut-être lire *Segestanos* ; car Tite-Live, qui fait (liv. XXI, ch. 7 et suiv.) une relation détaillée du siège de Sagonte, ne parle pas de ce stratagème.

la hâte, pour porter du secours, arrêtés en même temps par les troupes qui avaient été postées près de la ville, et chargés en queue par celles qu'ils avaient poursuivies, ils essuyèrent une entière défaite.

6 Viriathe, après avoir placé des troupes en embuscade, envoya quelques soldats enlever les troupeaux des Ségobrigiens. Ceux-ci, étant accourus en grand nombre pour les reprendre, et s'étant mis à la poursuite des maraudeurs, qui fuyaient à dessein, tombèrent dans le piège et furent taillés en pièces.

7 Héraclée avait pour garnison deux cohortes commandées par Lucullus, lorsque des cavaliers Scordisques s'avancèrent comme pour enlever des troupeaux, et provoquèrent ainsi une sortie ; puis, par une fuite simulée, ils attirèrent Lucullus jusque dans une embuscade, où il fut tué avec huit cents de ses soldats.

8 Charès, général athénien, devant attaquer une ville située sur le bord de la mer, cacha sa flotte derrière un promontoire, et envoya le plus léger de ses vaisseaux passer en vue de l'ennemi. Dès qu'on l'aperçut, tous les navires qui gardaient le port volèrent à sa poursuite. Alors Charès, voyant ce port sans défense, y entra avec sa flotte, et s'empara même de la ville.

9 Au moment où les Romains assiégeaient par terre et par mer Lilybée, en Sicile, Barca, général carthaginois, fit paraître au loin une partie de ses vaisseaux prêts à combattre. La flotte romaine, les ayant aperçus, s'élança sur eux ; et Barca, avec le reste de ses vaisseaux, qu'il avait tenus cachés, se rendit maître du port de Lilybée.

XI. Des retraites simulées.

1 Phormion, général athénien, ayant ravagé le territoire de Chalcis, cette ville lui envoya des députés pour lui exposer ses griefs. Il leur fit bon accueil ; et pendant la nuit qui avait été fixée pour leur départ, il feignit de recevoir une lettre qui le rappelait à Athènes, et les congédia en faisant retraite lui-même, mais à une faible distance. Les députés ayant annoncé que tout était désormais en sûreté, et que Phormion était parti, les Chalcidiens crurent à la bienveillance qu'il avait témoignée, ainsi qu'à la retraite de ses troupes, et négligèrent la garde de leur ville. Alors, Phormion étant revenu tout à coup, ils ne purent soutenir une attaque à laquelle ils

ne s'attendaient plus.

2 Agésilas, chef des Lacédémoniens, assiégeant Phocée, et s'étant aperçu que les alliés de cette ville, venus pour la défendre, commençaient à se lasser des fatigues de la guerre, fit un mouvement de retraite, comme s'il allait à d'autres expéditions, et leur laissa ainsi la faculté de s'éloigner librement. Peu de temps après il ramena son armée et vainquit les Phocéens, alors réduits à leurs propres forces.

3 Alcibiade tendit un piège aux Byzantins, qui se tenaient renfermés dans leurs murs : il feignit de se retirer, et, quand ils ne furent plus sur leurs gardes, revint fondre sur eux.

4 Viriathe, après s'être retiré à trois journées de Segobriga, revint en un seul jour, et surprit les habitants, qui, dans une entière sécurité, étaient en ce moment même occupés d'un sacrifice.

5 Épaminondas, au siège de Mantinée, voyant que les Lacédémoniens étaient venus secourir cette place, pensa que, s'il leur cachait son départ, il pourrait aller prendre Lacédémone. Il ordonna d'allumer pendant la nuit un grand nombre de feux dans son camp, afin que l'on ne se doutât pas de son absence ; mais, trahi par un transfuge, et poursuivi par l'armée lacédémonienne, il quitta le chemin de Sparte, et usa du même artifice pour retourner devant Mantinée. Il alluma encore des feux dans son camp, et, tandis que les Lacédémoniens l'y croyaient présent, il fit une marche de quarante milles du côté de Mantinée, et se rendit maître de la ville, qui n'avait plus le secours de ses alliés.

XII. De la défense des places. Exciter la vigilance des soldats.

1 Pendant que les Lacédémoniens assiégeaient Athènes, Alcibiade, craignant de la négligence de la part des sentinelles, ordonna aux soldats de tous les postes d'observer attentivement le flambeau qu'il ferait paraître pendant la nuit, du haut de la citadelle, et de répondre à ce signal en élevant aussi des flambeaux de leur côté. Il menaça de châtiment quiconque n'exécuterait pas fidèlement cet ordre. Ainsi tenus dans l'attente des signaux de leur chef, tous firent une garde vigilante, et l'on fut à l'abri du danger qui était à craindre pour la nuit.

2 Iphicrate, général athénien, qui occupait Corinthe avec une garnison, visitant les postes au moment où l'ennemi approchait, trouva une sentinelle endormie, et la perça d'un javelot. Quelques-uns, blâmant cet acte comme trop cruel : « Tel j'ai trouvé cet homme, leur répondit-il, tel je l'ai laissé.[1] »

3 On dit qu'Épaminondas, général thébain, en fit autant.

XIII. Donner et recevoir des nouvelles.

1 Les Romains, assiégés dans le Capitole, envoyèrent Pontius Cominius implorer le secours de Camille, qui était alors en exil. Cominius, pour éviter les postes gaulois, descendit par la roche Tarpéienne, traversa le Tibre à la nage, arriva jusqu'à Véies[2], et, s'étant acquitté de sa mission, retourna par le même chemin près de ses compagnons.

2 Les habitants de Capoue, assiégés par les Romains, qui faisaient bonne garde autour de la place, envoyèrent dans le camp ennemi, comme déserteur, un soldat qui, moyennant une récompense, cacha une lettre dans son baudrier, et la porta aux Carthaginois aussitôt qu'il trouva l'occasion de s'échapper.

3 Quelques-uns écrivirent des lettres sur des parchemins, qui furent cousus dans des pièces de gibier et dans le corps de certains

---

1 Cornélius Nepos (*Vie d'Iphicrate*) rend compte des améliorations qui furent introduites par ce général dans l'art militaire et dans la discipline. Cependant il faut une absolue nécessité d'exemple pour punir avec autant de sévérité les infractions de ce genre. Iphicrate et Épaminondas tuent des sentinelles endormies ; le grand Frédéric fait mourir sur un échafaud le capitaine Zitern, qui, pour écrire à sa mère, a enfreint l'ordre donné d'éteindre dans le camp toutes les lumières passé une certaine heure ; Bonaparte trouve aussi un factionnaire endormi après les trois journées d'Arcole ; mais il lui enlève avec précaution son fusil, et se met en faction à sa place. Le soldat, se réveillant un instant après, et voyant son général près de lui, s'écrie : « Je suis perdu ! — Non, reprend celui-ci : après tant de fatigues il est permis à un brave comme toi de s'endormir ; mais, une autre fois, choisis mieux ton temps. »

2 On croirait, d'après le récit de Frontin, que Camille était à Véies ; mais Tite-Live et Plutarque s'accordent à dire qu'il était en exil à Ardée. Notre auteur se méprend aussi sur deux faits qui se sont accomplis presque en même temps. Fab. Doson descendit du Capitole pour aller sur le mont Quirinal s'acquitter d'un sacrifice, et revint après avoir traversé deux fois les postes ennemis. D'un autre côté, Pontius Cominius, jeune soldat de l'armée romaine réfugiée à Véies, s'offrit d'aller au Capitole pour obtenir du sénat que Camille fût rappelé, et nommé dictateur. Il s'acquitta de sa périlleuse mission. Voyez Tite-Live, liv. V, ch. 46.

animaux.

4 D'autres ont introduit leurs dépêches dans le derrière de leurs bêtes de somme, pour traverser les postes ennemis.

5 D'autres ont écrit sur la partie intérieure des fourreaux, de leurs épées.

6 L. Lucullus voulait informer de son arrivée les habitants de Cyzique, assiégés par Mithridate, dont les troupes occupaient le seul chemin qui conduisît à la ville : c'était un pont étroit, qui l'unissait au continent. Il chargea de ce message un soldat, bon nageur et habile nautonier, qui, porté sur l'eau par deux outres remplies d'air, contenant des lettres de Lucullus, et adaptées en dessous à deux traverses séparées l'une de l'autre, fit un trajet de sept milles. Telle fut l'adresse de ce simple soldat, que, se servant de ses jambes comme de rames, il trompa les sentinelles ennemies, qui crurent, en l'apercevant, que c'était quelque monstre marin[1].

1 Il n'est pas sans intérêt de rapprocher de cette histoire les deux faits suivants :
En 1626, l'île de Ré était assiégée par les Anglais, pendant que l'armée de Louis XIII accourait pour la délivrer ; et la garnison des forts, dénuée de vivres, était aux abois. C'est alors que trois soldats du régiment de Champagne offrent de passer à la nage le trajet de mer, qui est de deux lieues, et d'aller demander du secours dans le continent. Il fallait une force plus qu'ordinaire pour nager pendant un si long espace, et un courage héroïque pour oser, dans cet état, traverser la flotte anglaise ; mais rien n'étonnait de la part des soldats de Champagne. Nos trois guerriers, chargés de leurs dépêches renfermées dans des boîtes de fer-blanc, se jettent ensemble dans les flots. Le premier se noie ; mais il fut assez heureux pour servir l'État, même après sa mort : la mer, en effet, jeta son corps sur le rivage ; et des habitants de la côte l'ayant trouvé, prirent la lettre attachée à son cou et la remirent au cardinal de Richelieu. Le second fut pris par les Anglais. Le troisième, nommé Pierre Lanier, longtemps poursuivi par une barque ennemie, nageant presque toujours entre deux eaux, n'élevant la tête de temps en temps que pour respirer, souvent obligé de se défendre contre des poissons voraces, arrive enfin au rivage, couvert de sang, dans un état affreux. Il se traîna quelque temps, le long de la côte, sur ses pieds et sur ses mains, faible, abattu et presque mourant. Un paysan l'ayant enfin aperçu, lui donna le bras, le conduisit au fort Louis, et de là au camp du roi, qui lui fit l'accueil le plus flatteur, et lui assura une pension considérable sur la gabelle.
Pendant le blocus de Gènes, en 1800, le chef d'escadron Franceschi se chargea de porter des dépêches du premier consul à Massena, enfermé dans cette ville. « Monté sur une embarcation que conduisaient trois rameurs seulement, il avait traversé, à la faveur de la nuit, la croisière anglaise, et était arrivé jusqu'à la chaîne des chaloupes les plus rapprochées de la place, lorsque le jour le surprit. Il se trouvait au milieu de la rade, à plus d'une lieue du rivage, et exposé au feu croisé des bâtiments. L'un des rameurs est tué, un autre est blessé : Franceschi ne peut plus éviter d'être pris sur son frêle esquif. Dans cette extrémité, il attache ses dépêches autour de son cou, au

7 Le consul Hirtius envoya de temps en temps à Decimus Brutus, assiégé dans Mutine par Antoine, des lettres écrites sur des plaques de plomb, que l'on attachait aux bras de soldats qui traversaient à la nage la rivière de Scultenna.

8 Le même consul avait des pigeons qu'il tenait quelque temps dans l'obscurité, sans leur donner à manger ; puis il leur attachait des lettres au cou, à l'aide d'un crin, et les lâchait le plus près possible des murailles. Ces oiseaux, avides de nourriture et de lumière, gagnaient les plus hauts édifices, et là étaient pris par Brutus, qui savait de cette manière tout ce qui se passait, surtout lorsqu'il les eut habitués à s'abattre en de certains lieux où il faisait déposer pour eux de la nourriture.

XIV. Faire entrer des renforts et des vivres dans la place.

1 Pendant la guerre civile, Ategua, ville d'Espagne du parti de Pompée, étant investie, Munatius, chef temporaire de ce pays, alla dans le camp de César, où il se fit passer pour le secrétaire d'un tribun, demanda d'autorité le mot d'ordre à quelques sentinelles, ce qui lui servit à en tromper d'autres, et, persévérant dans son artifice, introduisit du renfort dans la place, en passant ainsi au milieu des troupes de César.

2 Pendant qu'Hannibal tenait Casilinum assiégé, les Romains emplirent de farine des tonneaux qu'ils abandonnèrent au courant du Vulturne, pour les faire parvenir aux habitants. Hannibal ayant arrêté ces tonneaux au moyen d'une chaîne tendue sur le fleuve, les Romains répandirent des noix que les eaux apportèrent à la ville, et qui fournirent aux assiégés un soutien contre la famine.

3 Hirtius, sachant que ceux de Mutine, assiégés par Antoine, étaient dans une extrême disette de sel, en remplit des barils, qu'il fit entrer dans la ville par le fleuve Scultenna.

4 Le même général confia au courant d'une rivière des troupeaux

---

moyen d'un mouchoir, se dépouille de ses vêtements, et se jette à la mer pour gagner le rivage en nageant ; mais il pense bientôt qu'il a laissé ses armes, qui vont devenir un trophée pour l'ennemi : il retourne à l'embarcation, prend son sabre, qu'il serre entre ses dents, nage longtemps encore, lutte opiniâtrement contre les vagues, et aborde enfin, presque épuisé par la fatigue du trajet qu'il vient de faire. »

que reçurent les assiégés, et qui remédièrent à la disette.

XV. Comment on paraît avoir en abondance les choses dont on manque.

1 Les Romains, assiégés dans le Capitole par les Gaulois, et déjà en proie à la famine, jetèrent du pain vers les postes ennemis. En faisant croire par là qu'ils avaient des vivres en abondance, ils purent traîner le siège en longueur jusqu'à l'arrivée de Camille.

2 On dit que les Athéniens en firent autant à l'égard des Lacédémoniens.

3 Ceux qu'Hannibal tenait enfermés à Casilinum, et que l'on croyait réduits à une extrême disette, voyant que le Carthaginois, pour leur ôter jusqu'à l'herbe comme aliment, avait fait passer plusieurs fois la charrue sur le terrain qui séparait son camp de leurs murailles, jetèrent des semences sur ces terres labourées, et par là persuadèrent à l'ennemi qu'ils avaient de quoi se nourrir jusqu'à la récolte.

4 Les troupes qui avaient échappé au désastre de Varus, étant investies par l'ennemi, qui les croyait dépourvues de blé, promenèrent pendant toute une nuit dans leurs magasins les prisonniers qu'ils avaient faits, et les renvoyèrent après leur avoir coupé les mains[1]. Ceux-ci conseillèrent à leurs compagnons de ne pas fonder sur la disette l'espoir de se rendre bientôt maîtres des Romains, attendu qu'ils avaient encore un grand approvisionnement de vivres.

5 Les Thraces, assiégés sur une montagne fort élevée, et inaccessible à l'ennemi, recueillirent entre eux, au moyen d'une contribution par tête, une petite quantité de blé et de laitage, et en firent manger à des moutons qu'ils chassèrent vers les postes ennemis. Ces animaux ayant été pris et tués, on remarqua dans leurs en-

---

1 Les Romains ont rarement infligé ce traitement barbare à leurs prisonniers. Cependant il faut avouer que, s'ils n'ont jamais pratiqué l'immolation solennelle, comme les Égyptiens et les Gaulois ; s'il y a même dans leur histoire peu d'exemples de cette amputation des mains, leur coutume de vendre les captifs comme esclaves, au profit du trésor public, faisait peu d'honneur à la civilisation dont ils se glorifiaient.

« Les prisonniers de guerre n'appartiennent pas à la puissance pour laquelle ils ont combattu ; ils sont tous sous la sauvegarde de l'honneur et de la générosité de la nation qui les a désarmés. » (Napoléon.)

trailles les vestiges du froment ; l'ennemi alors, persuadé que les Thraces avaient de copieuses provisions de blé, puisqu'ils en nourrissaient même leur bétail, abandonna le siège.

6 Thrasybule, général des Milésiens, voyant ses troupes fatiguées du long siège qu'elles soutenaient contre Alyatte, qui espérait les réduire par famine, ordonna que tout le blé de la ville fût apporté sur la place publique avant l'arrivée des députés lydiens qu'il attendait, et fit préparer pour le même temps des festins chez tous les citoyens. En montrant ainsi la ville en fête, il fit croire à l'ennemi qu'il lui restait assez de vivres pour soutenir longtemps encore le siège.

XVI. Comment on prévient les trahisons et les désertions.

1 Cl. Marcellus fut informé que Bantius, de Nole, s'efforçait d'amener ses concitoyens à une défection au profit d'Hannibal, parce que celui-ci, l'ayant trouvé parmi les blessés après la bataille de Cannes, lui avait fait donner des soins, et l'avait renvoyé dans sa patrie. N'osant pas le mettre à mort, de peur que son supplice n'irritât les habitants de Nole, il le fit venir près de lui, et lui dit qu'il était un soldat excellent ; que jusqu'alors il ne l'avait pas connu ; et, après l'avoir engagé à rester dans son armée, il lui fit présent d'un cheval. Ce bienfait lui assura la fidélité non seulement de Bantius, mais encore de tous ceux de la ville sur lesquels celui-ci avait de l'influence.

2 Hamilcar, général des Carthaginois, voyant les nombreuses désertions de ses auxiliaires gaulois, qui passaient du côté des Romains, où, à cause de la fréquence même du fait, ils étaient reçus comme des alliés, engagea ceux qui lui étaient le plus fidèles à simuler une désertion. Ils le firent, et taillèrent en pièces les Romains qui s'étaient avancés pour les recevoir. Cet artifice, outre le succès qu'il valut alors aux Carthaginois, fut cause que, dans la suite, les véritables transfuges furent suspects aux Romains.

3 Hannon, commandant en Sicile l'armée carthaginoise, apprit que des Gaulois mercenaires, au nombre de quatre mille environ, s'étaient entendus pour passer du côté des Romains, parce qu'ils n'avaient pas reçu leur solde de quelques mois. N'osant sévir contre eux, dans la crainte d'une révolte, il promit de les indemniser gé-

néreusement du retard dont ils souffraient. Les Gaulois le remer-
cièrent de cette assurance ; et pendant le délai qu'il avait fixé pour
l'exécution de ses promesses, il envoya dans le camp du consul
Otacilius son trésorier, homme d'une fidélité éprouvée, qui, feignant d'avoir déserté pour quelque désordre dans ses comptes, annonça que quatre mille Gaulois devaient être envoyés au fourrage
la nuit suivante, et qu'il serait facile de les surprendre. Otacilius, qui
ne voulait ni se fier tout d'abord à un transfuge, ni laisser échapper
une pareille occasion, mit en embuscade des troupes d'élite. Les
Gaulois tombèrent dans le piège, et remplirent doublement le but
d'Hannon : ils tuèrent des Romains, et furent eux-mêmes extermi-
nés jusqu'au dernier.

4 Hannibal imagina une semblable vengeance à l'égard de ses
transfuges. Informé que plusieurs soldats avaient déserté la nuit
précédente, et sachant aussi qu'il y avait des espions de l'ennemi
dans son camp, il dit ouvertement qu'il ne fallait pas donner le
nom de transfuges à des hommes adroits qu'il avait envoyés pour
pénétrer les desseins de l'ennemi. Ces mots, une fois connus des
espions, furent transmis aux Romains, qui saisirent les déserteurs
d'Hannibal, leur coupèrent les mains, et les renvoyèrent.

5 Diodore, étant à la tête des troupes qui défendaient Amphipolis,
et parmi lesquelles se trouvaient deux mille Thraces qu'il soupçonnait de vouloir piller la ville, annonça faussement que des vaisseaux ennemis, en petit nombre, étaient abordés à la côte voisine,
et qu'on pouvait aisément les piller. Excités par l'espoir du butin, les
Thraces partirent, et Diodore, ayant fermé les portes, les empêcha
de rentrer dans la place.

XVII. Des sorties.

1 Les Romains qui tenaient garnison à Palerme, lorsque Hasdrubal
s'avançait pour assiéger cette ville, ne placèrent, à dessein, qu'un
petit nombre de soldats sur les remparts. Hasdrubal, enhardi par
cette apparente faiblesse, s'approcha, témérairement, et son armée
fut taillée en pièces dans une sortie que firent les assiégés.

2 Emilius Paullus, attaqué dans son camp, à l'improviste, par
toute l'armée des Liguriens, retint longtemps ses troupes, comme
par crainte ; ensuite, quand il vit les ennemis fatigués, il fondit sur

eux par les quatre portes du camp, les défit, et en prit un grand nombre.

3 Velius[1], qui commandait la garnison romaine dans la citadelle de Tarente, ville assiégée par Hasdrubal, envoya vers celui-ci des députés pour lui demander la vie sauve et la retraite libre. Tandis que, trompés par cette feinte, les ennemis se tenaient peu sur leurs gardes, Velius fit tout à coup une sortie, et les tailla en pièces.

4 Cn. Pompée, investi dans son camp près de Dyrrachium, non seulement dégagea son armée, mais encore, dans une sortie pour laquelle il avait bien choisi le temps et le lieu, enveloppa César, au moment où celui-ci livrait une impétueuse attaque à un fort[2] que défendait un double retranchement ; en sorte que, placé entre ceux qu'il attaquait et ceux qui étaient venus l'enfermer, César courut un grand danger, et perdit beaucoup de monde.

5 Flavius Fimbria, fortifiant son camp près du Rhyndacus[3], en Asie, contre le fils de Mithridate, fît tirer des tranchées le long des flancs et vers la tête de ses retranchements, au dedans desquels il tint ses troupes immobiles, jusqu'à ce que la cavalerie des ennemis se fût engagée dans les intervalles étroits de ses fortifications ; alors il fit une sortie, et leur tua six mille hommes.

---

1 Tite-Live, qui fait un récit long et bien circonstancié du siège de Tarente, ne parle ni de ce *Velius*, ni de l'événement que rapporte ici Frontin. Au lieu de *Velius*, il faut sans doute lire *Livius*, nom qui est bien celui du défenseur de la citadelle de Tarente. Cette erreur est de la nature de celles qu'on ne peut raisonnablement attribuer qu'aux copistes. Cf. Tite-Live, liv. XXIV, ch. 10 ; liv. XXV, ch. 10 et 11 ; liv. XXVI, ch. 39.
2 Ce fort n'était autre chose qu'un petit camp fortifié, et enfermé dans un plus grand, dont César était déjà maître quand Pompée survint. Voyez César, *Guerre civile*, liv. III, ch. 66-70.
« Les manœuvres de César à Dyrrachium sont extrêmement téméraires : aussi en fut-il puni. Comment pouvait-il espérer de se maintenir avec avantage le long d'une ligne de contrevallation de six lieues, entourant une armée qui avait l'avantage d'être maîtresse de la mer, et d'occuper une position centrale ? Après des travaux immenses, il échoua, fut battu, perdit l'élite de ses troupes, et fut contraint de quitter ce champ de bataille. Il avait deux lignes de contrevallation, une de six lieues contre le camp de Pompée, et une autre contre Dyrrachium. Pompée se contenta d'opposer une ligne de circonvallation à la contrevallation de César : effectivement, pouvait-il faire autre chose, ne voulant pas livrer bataille ? Mais il eût dû tirer un plus grand avantage du combat de Dyrrachium ; ce jour-là il eût pu faire triompher la république. » (Napoléon.)
3 Petite rivière de l'Asie Mineure, appelée aussi Lycus. Le traducteur de 1772 a pris ce nom pour celui d'une ville.

Sextus Julius Frontin

6 Pendant la guerre des Gaules[1], C. César, informé, de la part de Q. Cicéron, que les lieutenants Titurius Sabinus et ; Cotta avaient été battus par Ambiorix, et que celui-ci le tenait lui-même assiégé, marcha à son secours avec deux légions. Après avoir d'abord attiré l'ennemi contre lui seul, il feignit de craindre, et retint ses soldats dans son camp, auquel il avait donné, à dessein, moins d'étendue qu'à l'ordinaire. Les Gaulois, qui comptaient déjà sur la victoire, et en voulaient au butin, se mirent à combler le fossé, et arrachèrent les palissades. Aussitôt le combat commença ; et les troupes de César, tombant sur eux de tous côtés, en firent un grand carnage.

7 Titurius Sabinus, ayant en tête une nombreuse armée de Gaulois, retint la sienne dans ses retranchements, pour faire croire aux ennemis qu'il avait peur ; et, afin de le leur persuader, il envoya au milieu d'eux un faux transfuge, qui leur affirma que les Romains, réduits au désespoir, se disposaient à fuir. Les barbares, excités par l'espérance de la victoire, se chargèrent de bois et de fascines pour combler les fossés, et se dirigèrent à pas de course vers notre camp, qui était situé sur une colline. Alors toutes les troupes de Titurius s'élancèrent à la fois sur eux, en tuèrent un grand nombre, et firent beaucoup de prisonniers.

8 Les habitants d'Asculum, que Pompée allait assiéger, ne firent paraître sur leurs murailles qu'un petit nombre de vieillards infirmes ; et, après avoir par là inspiré de la sécurité aux Romains, ils

---

1 Cf. César, *Guerre des Gaules*, liv. V, ch. 49-51.

« Cicéron a défendu pendant plus d'un mois avec cinq mille hommes, contre une armée dix fois plus forte, un camp retranché qu'il occupait depuis quinze jours : serait-il possible aujourd'hui d'obtenir un pareil résultat ? Les bras de nos soldats ont autant de force et de vigueur que ceux des anciens Romains ; nos outils de pionniers sont les mêmes ; nous avons un agent de plus, la poudre. Nous pouvons donc élever des remparts, creuser des fossés, couper des bois, bâtir des tours en aussi peu de temps et aussi bien qu'eux ; mais les armes offensives des modernes ont une tout autre puissance, et agissent d'une manière toute différente que les armes offensives des anciens.

« Si on disait aujourd'hui à un général : Vous aurez comme Cicéron, sous vos ordres, 5,000 hommes ; de plus, 16 pièces de canon, 5,000 outils de pionniers, 5,000 sacs à terre ; vous serez à portée d'une forêt, dans un terrain ordinaire ; dans quinze jours vous serez attaqué par une armée de 60,000 hommes, ayant 120 pièces de canon ; vous ne serez secouru que quatre-vingts ou quatre-vingt-seize heures après avoir été attaqué : quels sont les ouvrages, quels sont les tracés, quels sont les profils que l'art lui prescrit ? l'art de l'ingénieur a-t-il des secrets qui puissent satisfaire à ce problème ? » (Napoléon.)

LIVRE TROISIÈME

sortirent tout à coup, et les mirent en fuite.

9 Les Numantins, au lieu de déployer leur armée sur les remparts, lorsqu'ils furent assiégés par Popillius Lénas se tinrent renfermés dans l'intérieur de la ville, afin d'amener l'ennemi à tenter l'escalade. Popillius, qui ne trouva pas même de résistance sur les murailles, soupçonna quelque piège ; et, au moment où il donnait le signal de la retraite, les assiégés firent une sortie, et tombèrent sur ses troupes, qui descendaient des remparts et prenaient déjà la fuite.

XVIII. De la résolution des assiégés.

1 Les Romains, pour montrer de la confiance pendant qu'Hannibal était devant les murs de Rome, firent sortir, par une porte opposée à son camp, des recrues destinées aux armées qu'ils avaient en Espagne.

2 Le maître du champ où campait Hannibal étant mort, le terrain fut mis en vente et porté, par les enchères, au prix où il avait été acheté avant la guerre.

3 Pendant que Rome était assiégée par Hannibal, les Romains, de leur côté, faisaient le siège de Capoue, et décrétaient que, tant que cette ville ne tomberait pas en leur pouvoir, l'armée ne serait point rappelée.

LIVRE QUATRIÈME

PRÉFACE.

Après avoir recueilli des stratagèmes, fruits de mes nombreuses lectures, et les avoir classés avec un soin scrupuleux, pour remplir les promesses des trois premiers livres, si toutefois je les ai remplies, je vais présenter dans celui-ci des exemples qu'il ne me paraissait guère possible de faire entrer dans le même cadre que les autres, parce qu'ils appartiennent plutôt à la stratégie qu'aux stratagèmes[1] : aussi, malgré leur importance, ils ont dû être sépa-

1 Cette distinction est justifiée par la plupart des exemples qui composent ce quatrième livre : car tout ce qui a trait à la discipline des armées, à l'exactitude du service, à la force morale du soldat ; toutes les qualités et tous les moyens par lesquels

rés des premiers, étant d'une nature différente au fond ; et, si je les rapporte, c'est dans la crainte que le lecteur qui, par hasard, en rencontrerait ailleurs quelques-uns ne soit entraîné, par des ressemblances, à me reprocher des lacunes[1]. C'est donc un complément que je dois donner ; et dans ce livre, comme dans les autres, je m'efforcerai d'observer les divisions par espèces.

Chapitres

I De la discipline.

II Effets de la discipline.

III De la tempérance et du désintéressement.

IV De la justice.

V De la fermeté de courage.

VI De la bonté et de la modération.

VII Instructions diverses sur la guerre.

I De la discipline.

1 P. Scipion, arrivé devant Numance, releva dans l'armée la disci-

un chef inspire de la confiance à ses troupes, et exerce un ascendant réel, même sur des nations ennemies ou étrangères, sont des choses qui ressortissent à la stratégie, ou qui, du moins, ont des rapports de dépendance ou de cause plus ou moins directs, mais évidents, avec cet art de tracer des plans de campagne et d'en diriger l'exécution ; avec ce pouvoir de faire concourir au même but toutes les parties d'une armée, et de maintenir, au milieu de la diversité des mouvements, une parfaite unité d'action, en un mot, de *diriger les masses*. Mais à côté de ces exemples bien placés ici, on en trouvera, dans plusieurs chapitres, quelques-uns qui n'appartiennent ni à la stratégie, ni à la tactique, et qui, par conséquent, ne répondent pas aux titres sous lesquels ils sont compris dans ce nouveau recueil. Y ont-ils été introduits par des copistes ? ou l'auteur a-t-il, par instants, perdu de vue ses propres divisions ? Il y a même, notamment dans les chapitres VI et VII, des faits déjà mentionnés dans le premier livre, comme exemples de stratagèmes, et reproduits textuellement dans celui-ci.

1 Malgré les caractères distinctifs qui ont fait séparer des stratagèmes proprement dits les exemples contenus dans ce livre, il faut reconnaître qu'un certain nombre de ceux-ci ont avec les premiers des points de contact et des analogies de temps ou de circonstances : un fait stratégique au fond, peut tenir en même temps du stratagème. Or le lecteur qui aurait trouvé dans l'histoire un fait de ce genre, et qui, ne l'envisageant que sous ce dernier point de vue, c'est-à-dire comme stratagème, ne l'aurait pas vu cité dans les trois premiers livres, eût pu accuser Frontin de l'avoir ignoré ou omis, et d'avoir laissé une lacune. C'est pour prévenir ce reproche que l'auteur complète ainsi son ouvrage.

pline[1], qui était tombée par la négligence des chefs précédents. Il renvoya un grand nombre de valets, et ramena les soldats à l'habitude du devoir, en les soumettant chaque jour à de pénibles exercices. Il leur imposait des courses fréquentes, les obligeant à porter les provisions de plusieurs jours, en sorte qu'ils s'accoutumèrent à endurer le froid et la pluie, et à traverser à pied les gués des rivières. Souvent il leur reprochait, leur mollesse et leur manque de courage, et brisait les meubles qu'il trouvait trop recherchés, ou peu utiles dans les expéditions. Il agit de cette manière, notamment à l'égard du tribun C. Memmius, à qui, dit-on, il adressa ces paroles : « Tu ne seras que peu de temps inutile à la république et à moi, mais tu le seras toujours à toi-même. »

2 Q. Metellus, dans la guerre contre Jugurtha, rétablit, par une semblable sévérité, la discipline relâchée de ses troupes, et alla jusqu'à défendre aux soldats d'user d'autre viande que de celle qu'ils auraient eux-mêmes fait rôtir ou bouillir.

3 On rapporte que Pyrrhus dit à son recruteur : « Choisis-les grands ; moi, je les rendrai forts. »

4 Sous le consulat de L. Flaccus et de C. Varron, les soldats furent, pour la première fois, obligés au serment. Auparavant les tribuns n'exigeaient d'eux qu'un simple engagement ; du reste, ils juraient tous ensemble que la fuite et la crainte ne leur feraient jamais quitter leurs étendards, et qu'ils ne sortiraient des rangs que pour saisir un javelot, frapper un ennemi, ou sauver un citoyen.

5 Scipion l'Africain dit à un soldat dont le bouclier était trop élégamment paré, qu'il n'était pas surpris de voir qu'il eût orné avec tant de soin une arme sur laquelle il comptait plus que sur son épée.

6 Philippe, dès la première organisation de son armée, supprima l'usage des chariots, et n'accorda qu'un valet à chaque cavalier, et un à dix fantassins, pour porter les cordes des tentes et les meules à blé. Quand on entrait en campagne, il faisait porter à chaque soldat de la farine pour trente jours.

---

1 Tout ce que fit Scipion pour rétablir la discipline militaire, notamment ce que rapporte Frontin, a été signalé par plusieurs auteurs. Voyez Valère Maxime, liv. II, ch. 7, § 2 ; Polyen, liv. VIII, ch. 16, § 2 ; Florus, liv. II, ch. 18 ; Appien, *de Rébus Hisp.*, c. LXXXV ; Végèce, *Instit. mil.*, liv. III, ch. 10 ; et Plutarque (*Apophtegmes*), qui attribue encore au même Scipion l'exemple suivant, ou, du moins, un fait semblable.

7 C. Marius, voulant retrancher les équipages, qui ne sont pour l'armée qu'un très grand embarras, fit mettre en paquets, et attacher sur des fourches, le bagage et les vivres des soldats, qui avaient ainsi un fardeau facile à porter, et dont ils pouvaient aisément se décharger : de là vient le proverbe des mulets de Marius.

8 Lorsque Théagène, général athénien, marchait contre Mégare, les soldats lui ayant demandé leurs rangs, il répondit qu'il les leur donnerait près de la ville ; puis il envoya secrètement en avant ses cavaliers, avec ordre de retourner ensuite et de s'avancer, comme des ennemis, contre leurs compagnons. Pendant que cet ordre s'exécutait, il avertit les soldats de se préparer à soutenir l'attaque, et permit d'établir l'ordre de bataille de telle manière que chacun prît la place qu'il voudrait. Les plus lâches s'étant aussitôt portés en arrière, tandis que les plus braves étaient accourus aux premiers rangs, il voulut que chacun gardât dans les lignes la place où il se trouvait alors.

9 Lysandre, général lacédémonien, faisant châtier un soldat qui s'était écarté de la route, celui-ci lui affirma que ce n'était point pour piller qu'il s'était éloigné de l'armée : « Je ne veux pas même, répondit Lysandre, que l'on puisse le soupçonner. »

10 Antigone, informé que son fils s'était logé chez une femme qui avait trois filles d'une grande beauté, lui dit : « J'apprends, mon fils, que vous êtes à l'étroit dans une maison habitée par plusieurs maîtres ; prenez un logement plus spacieux. » Et quand il l'eut fait sortir, il défendit à quiconque aurait moins de cinquante ans, de loger chez une mère de famille.

11 Le consul Q. Metellus, qu'aucune loi n'empêchait de conserver toujours son fils auprès de lui, aima mieux cependant qu'il s'acquittât de son service comme soldat.

12 Le consul P. Rutilius, à qui les lois permettaient d'avoir son fils attaché à sa personne, le fit soldat dans une légion.

13 M. Scaurus, apprenant que son fils avait lâché pied devant l'ennemi, dans la forêt de Trente, lui défendit de venir en sa présence. Le jeune homme, ne pouvant supporter cet affront, se donna la mort.

14 Autrefois les Romains, comme les autres nations, campaient par cohortes, et formaient çà et là des espèces de hameaux, les villes

alors étant seules fortifiées. Pyrrhus, roi d'Épire, fut le premier qui enferma une armée entière dans une même enceinte retranchée[1]. Les Romains ayant défait ce prince dans les plaines Arusiennes, près de Bénévent, s'emparèrent de son camp, dont ils étudièrent la disposition, et en vinrent peu à peu à cet art de camper qu'ils pratiquent aujourd'hui.

15 P. Scipion Nasica, n'ayant pas besoin de vaisseaux, occupa cependant ses soldats à en construire pendant un quartier d'hiver, craignant que l'inaction ne les perdît, et que, dans la licence qui accompagne l'oisiveté, ils ne fissent quelque injure aux alliés.

16 M. Caton a écrit que l'on coupait la main droite aux soldats convaincus d'avoir volé leurs compagnons, et que, si on voulait les punir moins sévèrement, on leur tirait, du sang devant la tente du général.

17 Cléarque, général lacédémonien, disait à ses soldats qu'ils devaient redouter leur général plus que l'ennemi : il voulait leur faire entendre que pour ceux qui se seraient retirés du combat par crainte d'une mort douteuse, il y aurait un supplice certain.

18 D'après l'avis d'Appius Claudius, le sénat, pour punir des prisonniers renvoyés par Pyrrhus, roi d'Épire, mit les cavaliers dans l'infanterie, les fantassins dans les troupes légères, et tous eurent ordre de camper hors des retranchements, jusqu'à ce qu'ils eussent rapporté chacun les dépouilles de deux ennemis.

19 Le consul Otacilius Crassus ordonna que ceux qu'Hannibal avait fait passer sous le joug fussent, à leur retour, campés hors des fortifications, afin que, se trouvant ainsi exposés, ils s'accoutumassent au danger, et devinssent plus hardis devant l'ennemi.

20 Sous le consulat de P. Cornélius Nasica et de D. Junius, les soldats qui avaient déserté leurs étendards étaient, après condamnation, battus de verges, et vendus publiquement.

21 Lorsque Domitius Corbulon faisait la guerre en Arménie, deux corps de cavalerie et trois cohortes de son armée ayant tout

---

1 Plutarque (*Vie de Pyrrhus*, ch. VIII) signale les talents militaires de Pyrrhus. Si ce roi ne fut pas le premier qui connut l'art de camper, du moins il le perfectionna beaucoup ; et l'on peut opposer à l'opinion contraire de Juste-Lipse (*de Militia Romana*, lib. V), ce passage de Tite-Live (liv. XXXV, ch. 14) : « Pyrrhum, inquit (Hannibal), castra metari primum docuisse ; ad hoc neminem elegantius loca cepisse, præsidia deposuisse. »

d'abord lâché pied devant l'ennemi, près d'un château, il leur ordonna de camper hors du retranchement jusqu'à ce que, par des efforts constants et d'heureuses escarmouches, ils eussent fait oublier cette honteuse conduite.

22 Le consul Aurelius Cotta ayant, dans une pressante nécessité, donné l'ordre à des chevaliers d'aider à fortifier le camp, et une partie de ceux-ci s'y étant refusés, il en porta plainte aux censeurs, qui leur infligèrent des notes d'infamie. Il obtint ensuite du sénat qu'on ne leur payât point la solde pour leurs services passés. L'affaire fut même portée devant le peuple par les tribuns, et tous les citoyens concoururent, par leur avis unanime, à l'affermissement de la discipline.

23 Q. Metellus le Macédonique, faisant la guerre en Espagne, ordonna aux soldats de cinq cohortes qui avaient abandonné leur position à l'ennemi, de faire leur testament[1], et d'aller reprendre ce poste, les menaçant de ne pas les recevoir au camp, s'ils ne revenaient victorieux.

24 Le sénat ordonna que l'armée qui avait été battue près du Siris, serait conduite par le consul P. Valerius, près de Firmum, afin qu'elle y établît son camp, et qu'elle passât l'hiver sous les tentes ; et, comme elle s'était honteusement laissé mettre en déroute, le sénat décida qu'on ne lui enverrait aucun renfort, jusqu'à ce qu'elle eût vaincu l'ennemi, et fait des prisonniers.

25 Des légions qui, pendant une des guerres Puniques, n'avaient pas fait leur devoir, furent, par un décret du sénat, reléguées en Sicile, où elles ne reçurent que de l'orge pendant sept années.

26 C. Titius, chef de cohorte, ayant abandonné sa position à l'ennemi, dans la guerre des esclaves fugitifs, L. Pison l'obligea de se tenir tous les jours devant le prétoire, vêtu d'une toge sans ceinture, la tunique déliée et les pieds nus, jusqu'au moment de la garde de nuit, et lui interdit les repas en commun, ainsi que les bains.

27 Sylla condamna une cohorte et ses centurions à se tenir debout devant le prétoire, le casque en tête, mais sans ceinture, pour s'être laissé enlever leur position par l'ennemi.

1 On ignore la formule de ces testaments que faisaient les soldats au moment où, tout équipés (*testamenta in procinctu*), ils allaient marcher au combat. Ceux qui survivaient étaient chargés de faire connaître les dispositions dernières de leurs compagnons.

28 Domitius Corbulon, en Arménie, voulant punir Emilius Rufus, général de cavalerie, qui avait lâché pied devant l'ennemi, et dont les troupes étaient mal armées, lui fit déchirer les vêtements par un licteur, et le condamna à se tenir, dans cet état déshonorant, devant la tente prétorienne, jusqu'à ce que tout le monde se fût retiré.

29 Atilius Regulus, allant du Samnium vers Lucérie, s'aperçut que ses soldats prenaient la fuite à la vue de l'ennemi, qui était venu à sa rencontre. Aussitôt il rangea devant son camp une cohorte à laquelle il ordonna de tuer, comme déserteur, quiconque abandonnerait le champ de bataille.

30 En Sicile, le consul Cotta fit battre de verges Valerius, tribun militaire, de l'illustre famille Valeria.

31 Le même consul, ayant chargé P. Aurelius, son parent, de la conduite du siège de Lipara, pendant qu'il allait lui-même chercher de nouveaux auspices à Messine, le fit battre de verges, pour avoir laissé incendier ses retranchements, et prendre son camp, le mit au nombre des fantassins, et lui imposa le service de simple soldat.

32 Le censeur Fulvius Flaccus exclut du sénat[1] son frère Fulvius, qui, sans l'ordre du consul, avait congédié une légion dans laquelle il était lui-même tribun.

33 M. Caton, ayant donné trois fois le signal du départ, s'éloignait avec sa flotte d'un rivage ennemi où il avait campé quelques jours, lorsqu'un soldat, qui était resté à terre, demanda, par des cris et des gestes, qu'on vînt le prendre. Caton, après avoir ramené à la côte tous ses vaisseaux, ordonna qu'il fût saisi, et mis à mort, aimant mieux le faire servir d'exemple, que de le laisser ignominieusement immoler par les ennemis.

34 Appius Claudius décima des soldats qui avaient pris la fuite, et ceux que le sort désigna périrent sous le bâton[2].

35 Deux légions ayant abandonné le champ de bataille, le consul Fabius Rullus fit désigner par le sort, dans chacune, vingt soldats qui eurent la tête tranchée en présence de l'armée.

---

1 Tite-Live rapporte (liv. XLI, ch. 27) qu'au début de la censure de Q. Fulvius Flaccus, neuf sénateurs furent exclus, entre autres Cn. Fulvius, proche parent du censeur, et même son héritier ; mais il ne fait pas connaître le motif de cette disgrâce.
2 Tite-Live dit (liv. II, ch. 59) que ces soldats furent décimés et mis à mort.

36 Aquillius fit périr de la même manière trois hommes par centurie, de troupes qui s'étaient laissé forcer dans leur poste par l'ennemi.

37 M. Antoine, dont le retranchement avait été brûlé par l'ennemi, décima les deux cohortes qui étaient alors chargées de la garde des ouvrages, fit mettre à mort un centurion de chacune, et congédia honteusement le chef de la légion, dont les soldats ne reçurent que de l'orge pour ration.

38 Une légion ayant, d'après l'ordre de son chef[1], mis à sac la ville de Rhegium, ses quatre mille soldats furent emprisonnés et envoyés au supplice. Le sénat défendit même, par un décret, de leur donner la sépulture, et de pleurer leur mort.

39 Le dictateur L. Papirius Cursor voulait que l'on battît de verges et que l'on fît mourir sous la hache Fabius Rullus, maître de la cavalerie, pour avoir, quoique avec succès, combattu malgré ses ordres. Sans rien accorder ni aux prières, ni aux instances des soldats, il le poursuivit à Rome, où il s'était réfugié ; et là le dictateur ne fit grâce du supplice à Fabius, que lorsque celui-ci vint avec son père se jeter à ses genoux, et que le sénat et le peuple[2], d'un commun accord, intercédèrent pour lui.

40 Manlius, qui dès lors fut surnommé Imperiosus, fit battre de verges et frapper de la hache son fils, qui avait engagé, contrairement à ses ordres, un combat où cependant il avait été vainqueur[3].

41 Le jeune Manlius, voyant les soldats disposés à se révolter en sa faveur contre son père, leur dit qu'il n'y avait personne dont la vie fût assez précieuse pour faire renverser la discipline ; et il obtint d'eux qu'ils lui laisseraient subir sa peine.

42 Q. Fabius Maximus fit couper la main droite à des transfuges.

43 Lorsque le consul C. Curion allait faire la guerre aux Dardaniens, une des cinq légions qu'il commandait se révolta près de Dyrrachium, en se refusant au service, et en déclarant qu'elle

---

1 Le chef de cette rébellion était Decius Jubellius. C'est donc à tort que plusieurs éditions ont admis *injussu ducis*. — Voyez Tite-Live, liv. XXVIII, ch. 28 ; Valère Maxime, liv. II, ch. 7, § 15 ; Polybe, liv. I, ch. 7 ; Appien, *de Rebus Samn.*, lib. IX, c. I et sqq.
2 On lira avec un vif intérêt la narration de Tite-Live (liv. VIII, ch. 29 et suiv.) ; c'est un véritable drame.
3 La sévérité atroce de Manlius passa en proverbe à Rome : *Manliana imperia.*

ne suivrait pas ce chef téméraire dans une expédition si pénible et si dangereuse, il ordonna aux quatre autres légions de sortir du camp, et de se mettre en ordre de bataille, les armes à la main, comme pour combattre ; ensuite il fit avancer la légion rebelle, sans armes et sans ceinturons, en présence de toute l'armée, et l'obligea de faucher la litière pour les chevaux. Le lendemain il ôta encore les ceinturons aux soldats, leur fit creuser un fossé, et, insensible à toutes les prières de cette légion, il lui enleva ses enseignes, abolit même son nom, et incorpora dans les autres légions les soldats qui la composaient.

44. Sous le consulat de Q. Fulvius et d'Appius Claudius, les soldats qui, après la bataille de Cannes, avaient été relégués en Sicile par ordre du sénat, supplièrent[1] M. Marcellus de les envoyer contre l'ennemi. Marcellus consulta le sénat. Il lui fut répondu qu'on ne jugeait pas à propos de confier les intérêts de la république à des hommes qui les avaient abandonnés. Toutefois, on autorisa Marcellus à faire ce qui lui paraîtrait convenable, à condition qu'aucun de ces soldats ne serait exempté du service, ne recevrait ni solde, ni récompense, et ne repasserait en Italie, tant que les Carthaginois y resteraient.

45 M. Salinator, après son consulat, fut condamné par le peuple, pour avoir partagé inégalement le butin entre les soldats.

46 Le consul Q. Petillius ayant été tué dans un combat contre les Liguriens, il fut décrété par le sénat que la légion à la tête de laquelle ce consul était mort serait tout entière signalée comme ayant manqué à son devoir[2] ; qu'on lui retrancherait la solde d'une année, et que ce temps de service ne lui serait pas compté.

II. Effets de la discipline.

1 On rapporte que pendant la guerre civile, lorsque les armées de Brutus et de Cassius traversaient ensemble la Macédoine, celle de

---

1 Marcellus n'était pas alors consul, mais il l'avait été peu de temps auparavant. On lit dans Tite-Live (liv. XXV, ch. 6 et 7) un discours touchant que, selon cet historien, les soldats relégués en Sicile auraient tenu à Marcellus. C'est une respectueuse protestation contre le décret rigoureux du sénat.

2 *Infrequens (miles)* signifie un soldat qui est inexact à remplir son devoir, un mauvais soldat, ainsi que l'a traduit M. Naudet dans le *Truculentus* de Plaute (v. 202). Voyez le récit bien circonstancié de ce fait dans Tite-Live, liv. XLI, ch. 18.

Brutus arriva avant l'autre près d'une rivière sur laquelle il fallait jeter un pont, et que cependant celle de Cassius eut le sien plus tôt achevé, et passa la première. Une discipline ferme avait donné aux soldats de Cassius la supériorité sur ceux de Brutus, non seulement pour de semblables ouvrages, mais encore pour les actions les plus importantes de la guerre.

2 C. Marius, pouvant choisir entre deux armées qui avaient été commandées, l'une par Rutilius, l'autre par Metellus, et toutes deux par lui-même, opta pour celle de Rutilius, quoiqu'elle fût la moins nombreuse, sachant qu'elle était la mieux disciplinée.

3 Domitius Corbulon, n'ayant que deux légions, et fort peu de troupes auxiliaires, fut en état, grâce à la discipline qu'il avait rétablie, de soutenir la guerre contre les Parthes.

4 Alexandre, à la tête de quarante mille hommes, que déjà Philippe[1], son père, avait habitués à la discipline, entreprit la conquête du monde, et vainquit des armées innombrables.

5 Cyrus, faisant la guerre aux Perses avec quatorze mille hommes, surmonta les plus grandes difficultés[2].

6 Épaminondas[3], général thébain, à la tête de quatre mille hommes, dont quatre cents cavaliers, battit l'armée lacédémonienne, qui comptait vingt-quatre mille fantassins et seize cents cavaliers.

7 Quatorze mille Grecs, qui étaient venus au secours de Cyrus contre Artaxerxès, défirent cent mille barbares.

---

1 Alexandre dut, en effet, une grande partie de ses succès à ses vieux soldats. C'est une vérité reconnue par les tacticiens de tous les temps, que les anciens soldats sont supérieurs aux jeunes, non seulement pour supporter les fatigues en campagne, mais encore pour attaquer de sang-froid et avec courage, et pour profiter de toutes les circonstances qui peuvent mettre à l'abri du danger.

« Il faut encourager par tous les moyens, dit Napoléon, les soldats à rester sous les drapeaux, ce qu'on obtiendra facilement en témoignant une grande estime aux vieux soldats. Il faudrait aussi augmenter la solde en raison des années de service : car il y a une grande injustice à ne pas mieux payer un vétéran qu'une recrue. »

2 Ce fait paraît ne faire qu'un, pour le sens, avec le § 7, dont il a peut-être été séparé par les copistes.

3 Il s'agit ici de la bataille de Leuctres, qu'Épaminondas gagna, non seulement parce que ses troupes étaient bien disciplinées, mais aussi parce qu'il exécuta une savante manœuvre d'ordre oblique, voir la note 62.

LIVRE QUATRIÈME

8 Ces mêmes quatorze mille Grecs, ayant perdu leurs chefs dans un combat, confièrent le soin de leur retraite à l'Athénien Xénophon, l'un d'eux, qui les ramena sains et saufs, à travers des lieux dangereux qu'ils ne connaissaient pas.

9 Xerxès, arrêté aux Thermopyles par les trois cents Spartiates, dont il ne put triompher qu'avec beaucoup de peine, dit qu'on l'avait trompé : qu'il avait beaucoup d'hommes, mais de soldats aguerris et disciplinés, point.

III. De la tempérance et du désintéressement.

1 M. Caton se contentait, dit-on, du vin des rameurs.

2 Fabricius, à qui Cinéas, ambassadeur d'Épire, offrait une grande quantité d'or, la refusa, et dit qu'il aimait mieux commander à ceux qui avaient de l'or, que d'en avoir lui-même.

3 Atilius Regulus, après avoir occupé les premières charges de la république, était si pauvre, qu'il n'avait pour vivre, avec sa femme et ses enfants, qu'une petite terre cultivée par un seul fermier. Ayant appris la mort de celui-ci, il écrivit au sénat pour demander un successeur dans le commandement, attendu que son bien, laissé à l'abandon par la mort de ce serviteur, réclamait sa présence.

4 Cn. Scipion, après ses succès en Espagne, mourut tellement pauvre, qu'il ne laissa pas même une somme suffisante pour marier ses filles[1]. Le sénat, touché de leur indigence, les dota aux frais du trésor.

5 Les Athéniens firent de même à l'égard des filles d'Aristide, qui, après avoir rempli les charges les plus importantes, mourut dans une extrême pauvreté.

6 Telle était la tempérance d'Épaminondas, général thébain, que l'on ne trouva chez lui qu'un chaudron, et une seule broche de fer.

7 Hannibal se levait avant le jour, et ne se reposait pas avant la nuit. Il ne soupait que sur le soir, et sa table n'avait pas plus de deux lits[2].

---

1 Si l'on s'en rapporte au récit de Valère Maxime (liv. IV, ch. 4, § 10), Cn. Scipion n'avait qu'une fille, qui fut dotée par le sénat, pendant la guerre même que son père faisait en Espagne.
2 Deux lits ne supposent que six couverts, ou huit au plus.

8 Le même, lorsqu'il servait sous le commandement d'Hasdrubal, dormait le plus souvent sur la terre nue, sans autre couverture que son manteau.

9 On rapporte que Scipion Émilien ne prenait pour toute nourriture, pendant les marches, que du pain, qu'il mangeait en se promenant[1] avec ses amis.

10 On en dit autant d'Alexandre le Grand.

11 Nous lisons que Masinissa, à l'âge de quatre vingt-dix ans, prenait ses repas au milieu du jour, debout devant sa tente, ou en se promenant.

12 Lorsque M. Curius eut vaincu les Sabins, un décret du sénat lui ayant accordé une portion de terre plus grande qu'aux vétérans, il n'accepta que la mesure des simples soldats, et dit qu'il n'appartenait qu'à un mauvais citoyen de ne pas se contenter de ce qui suffisait aux autres.

13 Souvent même une armée entière se fit remarquer par sa tempérance, témoin celle qui était commandée par Scaurus. D'après le rapport de ce général, un arbre fruitier, qui se trouvait à l'extrémité de son camp, dans l'enceinte même, fut, le lendemain, laissé intact avec ses fruits, au départ de l'armée.

14 Pendant la guerre qui se fit sous les auspices de l'empereur César Domitien Auguste Germanicus, guerre allumée dans les Gaules par Julius Civilis, l'opulente cité de Langres, ayant embrassé le parti des factieux, craignait, à l'approche de César, d'être livrée au pillage ; mais, respectée contre son attente, et n'ayant éprouvé aucune perte, elle rentra dans le devoir, et me fournit soixante-dix mille combattants.

15 L. Mummius, qui, après la prise de Corinthe, enrichit de tableaux et de statues l'Italie et les provinces conquises, fut si éloigné de prendre pour lui une partie de ce précieux butin, que sa fille, qu'il laissa dans la pauvreté, fut dotée par le sénat aux frais du trésor public.

---

1 Scipion Émilien voulait, dit Plutarque (Apophtegmes), que ses soldats prissent leurs repas debout, et qu'ils ne se missent à table que pour le souper. Quant à lui, il se promenait dans le camp, etc.

LIVRE QUATRIÈME

IV. De la justice.

1 Pendant que Camille assiégeait Faléries, un maître d'école emmena hors des murs, sous prétexte d'une promenade, les enfants qui lui étaient confiés, et alla les livrer aux Romains, auxquels il dit que, pour retirer de pareils otages, la ville se soumettrait à toute condition. Non seulement Camille rejeta l'offre perfide de ce maître, mais encore il lui lia les mains derrière le dos, et le fit reconduire à coups de verges par ses élèves, vers leurs parents. Cette générosité lui valut la conquête qu'il ne voulait pas devoir à une trahison : car les Falisques, admirant sa justice, se rendirent à lui volontairement.

2. Le médecin de Pyrrhus, roi d'Épire, étant venu près de Fabricius, qui commandait l'armée romaine, lui promit d'empoisonner son maître, si on lui accordait une récompense proportionnée à ce service. Fabricius, qui répugnait à fonder ses succès sur un semblable forfait, découvrit au roi les intentions coupables de son médecin ; et cette loyauté engagea Pyrrhus à rechercher l'amitié des Romains.

V. De la fermeté de courage.

1 Les soldats de Cn. Pompée ayant menacé de piller les trésors que l'on devait porter dans son triomphe, Servilius et Glaucia l'engagèrent à les leur distribuer, pour prévenir cette révolte. Pompée déclara qu'il renoncerait au triomphe, et qu'il mourrait même plutôt que de céder à l'indiscipline. Puis, après avoir vivement réprimandé les soldats, il leur fit présenter ses faisceaux ornés de lauriers, comme pour les engager à commencer le pillage par ces objets. Ils sentirent l'odieux de leur conduite, et rentrèrent dans l'obéissance.

2 Une sédition s'étant élevée dans l'armée de C. César, au milieu du tumulte de la guerre civile, ce général licencia la légion coupable, au moment même de la plus grande effervescence, et fit frapper de la hache les chefs de la révolte. Peu de temps après les soldats licenciés, ayant sollicité auprès de lui et obtenu leur réintégration, se montrèrent dès lors irréprochables.

3 Au moment où Postumius, personnage consulaire, exhortait ses soldats, ils lui demandèrent ce qu'il exigeait d'eux : « Suivez-moi, »

leur dit-il ; et, saisissant une enseigne, il s'élança le premier contre l'ennemi. Ses troupes le suivirent et remportèrent la victoire.

4 Cl. Marcellus étant tombé, sans s'y attendre, entre les mains des Gaulois, tourna avec son cheval, cherchant par où il pourrait s'échapper ; mais, se voyant investi de toutes parts, il adressa une prière aux dieux, et s'élança au milieu des ennemis, les frappa d'étonnement par son audace, tua leur chef, et remporta des dépouilles opimes, lorsqu'il avait à peine l'espoir de se sauver.

5 L. Paullus, à la bataille de Cannes, voyant l'armée perdue, refusa le cheval que lui offrait Lentulus pour fuir, et ne voulut pas survivre à ce désastre, bien qu'on ne pût le lui imputer à lui-même. Épuisé par ses blessures, et appuyé contre une pierre, il resta en cet état jusqu'à ce qu'il expirât sous les coups des ennemis.

6 Varron, son collègue, montra encore plus de résolution, en conservant sa vie après ce malheur ; et le peuple, ainsi que le sénat, lui rendit des actions de grâces pour n'avoir pas désespéré de la république. Au reste, toute sa conduite ultérieure prouva qu'il s'était conservé, non par désir de vivre, mais par amour pour la patrie : car il laissa croître sa barbe et ses cheveux, et ne se coucha plus pour prendre ses repas, il refusa même les dignités qui lui étaient conférées par le peuple, disant qu'il fallait à la république des magistrats plus heureux que lui.

7 Après le massacre de Cannes, Sempronius Tuditanus et C. Octavius, tribuns militaires, étant assiégés dans le plus petit des deux camps, conseillèrent à leurs compagnons de mettre l'épée à la main, et de s'échapper à travers les postes ennemis, déclarant que telle était leur résolution, lors même que personne n'oserait sortir avec eux. Au milieu de l'hésitation générale, douze cavaliers seulement et cinquante fantassins eurent le courage de les suivre, et parvinrent sains et saufs à Canusium.

8 En Espagne, T. Fonteius Crassus, étant allé faire du butin avec trois mille hommes, se trouva enfermé par Hasdrubal dans un poste dangereux. À l'entrée de la nuit, n'ayant fait part de son dessein qu'aux premiers rangs, il s'échappa en traversant les postes ennemis, au moment où l'on s'y attendait le moins.

9 Pendant la guerre contre les Samnites, le consul Cornélius Cossus étant surpris par l'ennemi dans un lieu où il courait du dan-

ger, le tribun P. Decius lui conseilla de faire occuper une hauteur qui était près de là, par un détachement qu'il s'offrit de commander. L'ennemi, attiré sur cet autre point, laissa échapper le consul, mais enveloppa Decius, et le tint assiégé. Celui-ci triompha encore de cette difficulté par une sortie nocturne, et revint auprès du consul sans avoir perdu un seul homme.

10 Une action semblable a été faite, sous le consulat d'Atilius Calatinus, par un chef dont le nom nous a été diversement transmis. Les uns l'appellent Laberius, quelques autres Q. Ceditius, la plupart Calpurnius Flamma. Voyant les troupes engagées au fond d'une vallée dont toutes les hauteurs étaient occupées par l'ennemi, il demande et obtient trois cents hommes, qu'il exhorte à sauver l'armée par leur courage, et s'élance avec eux au milieu de cette vallée. Les ennemis descendent de toutes parts pour les tailler en pièces ; mais, arrêtés par un combat long et acharné, ils laissent au consul le temps de fuir avec son armée.

11 C. César, étant sur le point de combattre les Germains commandés par Arioviste, et voyant le courage de ses troupes abattu, les assembla et leur dit que, dans cette circonstance, la dixième légion seule marcherait à l'ennemi. Par là il stimula cette légion, en lui rendant le témoignage qu'elle était la plus brave, et fit craindre aux autres de lui laisser à elle seule cette glorieuse renommée.

12 Philippe ayant menacé les Lacédémoniens de les priver de tout, s'ils ne lui livraient leur ville, un des principaux citoyens s'écria : « Nous privera-t-il aussi de mourir pour notre patrie ? »

13 Léonidas, roi de Lacédémone, à qui l'on disait que les Perses formeraient un nuage par la multitude de leurs flèches, répondit : « Nous combattrons mieux à l'ombre. »

14 Dans un moment où L. Elius, préteur de la ville, rendait la justice, un pivert vint se poser sur sa tête, et les aruspices dirent que si on laissait partir cet oiseau, la victoire serait aux ennemis ; que si on le tuait, le peuple romain serait vainqueur, mais L. Elius périrait avec sa famille. Ce chef tua aussitôt l'oiseau, n'hésitant pas à se sacrifier lui-même. Notre armée triompha, et Elius mourut dans le combat, avec quatorze de ses parents. Quelques-uns pensent qu'il s'agit ici, non de L. Elius, mais de Lélius, et que ceux qui perdirent la vie appartenaient à la famille Lélia.

15. Les deux Decius, le père d'abord, et plus tard le fils, se dévouèrent pour la république pendant leur consulat. Ils s'élancèrent avec leurs chevaux au milieu des ennemis, et donnèrent, en mourant, la victoire à leur patrie.

16 P. Crassus, faisant la guerre en Asie contre Aristonicus, tomba au pouvoir de l'ennemi dans une embuscade, entre Élée et Myrina. Emmené vivant, et se voyant avec horreur prisonnier, lui consul romain, il prit le parti d'enfoncer dans l'œil d'un Thrace commis à sa garde, la baguette dont il se servait pour conduire son cheval ; le soldat, irrité par la douleur, perça de son épée Crassus, qui échappa ainsi, selon son désir, à l'opprobre des fers.

17 M. Caton, fils du Censeur, ayant été jeté à terre par une chute de son cheval, s'aperçut, quand il se fut remis en selle, que son épée avait glissé du fourreau. Craignant le déshonneur d'une telle perte, il retourne au milieu des ennemis, et, non sans recevoir quelques blessures, retrouve enfin son arme, et revient près de ses compagnons.

18 Les habitants de Pétilie, assiégés par Hannibal, et manquant de vivres, firent sortir de la ville les vieillards et les enfants ; et, réduits à vivre de cuirs qu'ils faisaient tremper et qu'ils grillaient ensuite, de feuilles d'arbres et de la chair de toute espèce d'animaux, ils soutinrent le siège pendant onze mois.

19 Ceux d'Arabriga, en Espagne, supportèrent les mêmes maux, plutôt que de livrer leur ville à Hirtuleius.

20 Lorsque Hannibal assiégeait Casilinum, les habitants furent réduits à une telle extrémité, qu'un rat y fut vendu, dit-on, cent deniers. Le vendeur mourut de faim, et l'acheteur vécut. Malgré cette famine, la ville persévéra dans sa fidélité envers les Romains.

21 Mithridate, assiégeant Cyzique, fit amener ses prisonniers au pied des remparts, dans l'espoir que les habitants, craignant pour le sort de leurs concitoyens, se décideraient à rendre la place ; mais les assiégés exhortèrent les captifs à mourir avec courage, et restèrent fidèles aux Romains.

22 Les habitants de Ségovie, dont les femmes et les enfants étaient mis à mort par Viriathe, aimèrent mieux voir égorger ce qu'ils avaient de plus cher, que de rompre leur alliance avec les Romains.

23 Les Numantins, pour ne pas se rendre, s'enfermèrent dans

leurs maisons[1], et s'y laissèrent mourir de faim.

VI. De la bonté et de la douceur.

1 Q. Fabius dit à son fils, qui lui conseillait de sacrifier un petit nombre de soldats pour s'emparer d'une position avantageuse : « Veux-tu être de ce petit nombre [2] ? »

2 Xénophon, étant à cheval, venait d'ordonner à son infanterie de s'emparer d'une hauteur, lorsqu'il entendit un soldat dire, en murmurant, qu'il était facile à un homme à cheval de commander des choses aussi pénibles. Il descendit aussitôt, fit monter le soldat à sa place, et se dirigea à pied vers le sommet de la montagne. Le soldat, pour échapper à la honte et aux railleries de ses camarades, se hâta de descendre. Quant à Xénophon, toute son armée eut peine à obtenir de lui qu'il reprît son cheval, et qu'il réservât ses forces pour les fonctions nécessaires de général.

3 Alexandre, pendant une marche en hiver, était assis devant un feu, et regardait défiler ses troupes, lorsqu'il aperçut un soldat presque mort de froid. Il lui fit prendre sa place, et lui dit : « Si tu étais né parmi les Perses, ce serait pour toi un crime capital de t'asseoir sur le siège de ton roi ; un Macédonien peut se le permettre. »

4 L'empereur Auguste Vespasien, étant informé qu'un jeune homme d'illustre naissance, mais peu propre au métier des armes, était obligé, par le mauvais état de sa fortune, de servir dans les derniers grades de l'armée, lui assura de quoi vivre selon son rang,

---

1 Florus rapporte la chose autrement. « Les Numantins, dit-il (liv. II, ch. 18), pressés par la famine, demandèrent la bataille à Scipion, afin de mourir en guerriers. Ne l'obtenant pas, ils firent une sortie, dans laquelle un grand nombre périt ; et les autres, en proie à la faim, se nourrirent quelque temps de leurs cadavres. Ils prirent enfin la résolution de s'échapper ; mais cette dernière ressource leur fut encore enlevée par leurs femmes, qui coupèrent les sangles de leurs chevaux, faute énorme, inspirée par l'amour. Ayant donc perdu tout espoir, ils s'abandonnèrent aux derniers transports de la fureur et de la rage, et se déterminèrent à mourir, chefs et soldats, par le fer et par le poison, au milieu de l'embrasement de leur ville, qu'ils livrèrent aux flammes. »

2 Plutarque (Apophtegmes) attribue à Metellus Cécilius une réponse semblable.

Le mot de Fabius rappelle celui du maréchal de Saxe. Un de ses officiers généraux, lui montrant un jour une position qui pouvait être utile, lui dit : « Il ne vous en coûtera pas plus de douze grenadiers pour la prendre. — Douze grenadiers ! répondit le maréchal ; passe encore si c'étaient douze lieutenants généraux. »

et lui donna un congé honorable.

VII. Instructions diverses sur la guerre.

1 César suivait contre l'ennemi, disait-il, le système adopté par la plupart des médecins contre les maladies, dont ils triomphent plutôt par la faim que par le fer.

2 Domitius Corbulon prétendait qu'il fallait vaincre l'ennemi avec la doloire, c'est-à-dire par les ouvrages de siège.

3 L. Paullus disait qu'un général devait avoir le caractère d'un vieillard, c'est-à-dire s'arrêter aux résolutions les plus prudentes[1].

4 On reprochait à Scipion l'Africain de ne pas aimer à se battre : « Ma mère, répondit-il, a fait en moi un général, et non un soldat. »

5 C. Marius, provoqué par un Teuton à un combat singulier, lui dit que, s'il était désireux de mourir, une corde pouvait mettre fin à sa vie. Comme le barbare insistait, Marius lui montra un vieux gladiateur, dont la petite taille inspirait le mépris, et lui dit : « Quand tu auras vaincu cet homme, je combattrai contre toi. »

---

1 Oudendorp fait observer que cet exemple, par lequel Frontin recommande la modération ou la bonté, devrait appartenir au chapitre précédent. Mais il est probable que l'auteur n'a eu en vue que la prudence et le sang-froid du chef d'armée.
« La première qualité d'un général en chef est d'avoir une tête froide, qui reçoive une impression juste des objets ; il ne doit pas se laisser éblouir par les bonnes ou mauvaises nouvelles. Les sensations qu'il reçoit successivement ou simultanément, dans le cours d'une journée, doivent se classer dans sa mémoire, de manière à n'occuper que la place qu'elles méritent d'occuper : car la raison et le jugement sont le résultat de la comparaison de plusieurs sensations prises en égale considération. Il est des hommes qui, par leur constitution physique et morale, se font de chaque chose un tableau : quelque savoir, quelque esprit, quelque courage et quelques bonnes qualités qu'ils aient d'ailleurs, la nature ne les a point appelés au commandement des armées, et à la direction des grandes opérations de la guerre. » (Napoléon.)
Mais cette prudence et ce sang-froid ne doivent point dégénérer en irrésolution.
« Un général irrésolu, qui agit sans principes et sans plan, quoiqu'à la tête d'une armée supérieure en nombre à celle de l'ennemi, se trouve presque toujours inférieur à ce dernier sur le champ de bataille. Les tâtonnements, les *mezzo termine* perdent tout à la guerre. »
« À force de disserter, de faire de l'esprit, de tenir des conseils, il arrivera ce qui est arrivé dans tous les siècles en suivant une pareille marche : c'est qu'on finit par prendre le plus mauvais parti, qui presque toujours, à la guerre, est le plus pusillanime, ou, si l'on veut, le plus prudent. La vraie sagesse, pour un général, est dans une détermination énergique. » (Napoléon.)

6 Q. Sertorius, sachant par expérience qu'il ne pouvait résister aux forces réunies des Romains, et voulant le prouver aux barbares ses alliés, qui demandaient témérairement le combat, fit amener en leur présence deux chevaux, l'un plein de vigueur, l'autre extrêmement faible, auprès desquels il plaça deux jeunes gens qui offraient le même contraste, l'un robuste, l'autre chétif ; et il ordonna au premier d'arracher d'un seul coup la queue entière du cheval faible, au second de tirer un à un les crins du cheval vigoureux. Le jeune homme chétif s'étant acquitté de sa tâche, tandis que l'autre luttait inutilement avec la queue du cheval faible : « Soldats, s'écria Sertorius, je vous ai montré, par cet exemple, ce que sont les légions romaines : invincibles quand on les prend en masse, elles seront bientôt affaiblies et taillées en pièces, si elles sont attaquées séparément. »

7 Le consul Valerius Lévinus, qui avait une grande confiance en ses troupes, ordonna de promener dans son camp un espion que l'on y avait surpris ; et, pour intimider les ennemis, il déclara qu'il leur permettait de faire observer son armée par leurs espions toutes les fois qu'ils le voudraient.

8 Le primipile Célius, qui, après la défaite de Varus, en Germanie, servit de général à notre armée investie par les barbares, craignait que ceux-ci n'approchassent de ses retranchements du bois qu'ils avaient amassé, et n'incendiassent son camp. Il feignit de manquer de bois lui-même, et, envoyant de tous côtés des soldats pour en enlever, il réussit à faire éloigner de là, par les Germains, tous les troncs d'arbres qu'ils y avaient réunis.

9 Dans un combat naval, Cn. Scipion lança sur les vaisseaux ennemis des vases remplis de poix et de résine, dont la chute devait faire un double mal, et par leur pesanteur, et par les matières inflammables qu'ils répandaient.

10 Hannibal enseigna au roi Antiochus[1] à jeter sur les vaisseaux

---

1 Ce n'est point à Antiochus, mais bien à Prusias, que ce stratagème fut enseigné par Hannibal. Voyez Cornelius Nepos, *Vie d'Hannibal*, ch. XI ; et Justin, liv. XXXII, ch. 4.

Ce fait, malgré le témoignage de plusieurs historiens de l'antiquité, est dépourvu de vraisemblance, aux yeux des tacticiens modernes. « Quoi de plus ridicule, dit M. Carion-Nisas (*Essai sur l'hist. de l'art militaire*, t. 1er, p. 242) » que de supposer, dans un pays civilisé, ou du moins habité par dos hommes, un assez grand nombre de vipères pour en remplir cinq ou six cents vases ! Combien ne faudrait-il pas de

ennemis de petits vases pleins de vipères, pour épouvanter les soldats, et leur faire abandonner le combat et la manœuvre.

11 Prusias recourut à ce moyen au moment où sa flotte commençait à fuir.

12 M. Porcius, ayant pris de vive force un vaisseau carthaginois, fit main basse sur ceux qui le montaient, donna leurs armes à ses soldats, qu'il revêtit de leurs dépouilles ; et, trompant l'ennemi par ce déguisement, il parvint à couler à fond plusieurs de leurs navires.

13 Les Athéniens, dont le territoire était de temps en temps ravagé par les Lacédémoniens, profitèrent des jours pendant lesquels on célébrait, hors de leur ville, les fêtes de Minerve, pour sortir avec toute l'apparence du culte ordinaire, mais avec des armes cachées sous leurs habits. Au lieu de rentrer à Athènes quand leurs cérémonies furent achevées, ils allèrent tout à coup se jeter sur le pays des Lacédémoniens au moment où ceux-ci craignaient le moins cette irruption, et ravagèrent à leur tour les terres de ces ennemis, qui avaient si souvent dévasté les leurs.

14 Cassius, ayant des vaisseaux de charge qui ne lui étaient plus d'une grande utilité, y mit le feu, et les dirigea, par un vent favorable, sur la flotte ennemie, qu'il incendia de cette manière.

15 Lorsque M. Livius eut défait Hasdrubal, on lui conseillait de poursuivre et de détruire entièrement les débris de l'armée ennemie : « Laissons – en échapper quelques-uns, répondit-il, pour annoncer notre victoire. »

16 Scipion l'Africain disait souvent qu'il fallait non seulement laisser la retraite libre à l'ennemi, mais encore la lui rendre sûre.

17 Pachès, général athénien, promit aux ennemis de leur laisser la vie sauve, s'ils déposaient le fer ; et, quand ils se furent soumis à cette condition, il fit mettre à mort tous ceux qui avaient des agrafes de fer[1] à leurs manteaux.

18 Hasdrubal, étant entré sur le territoire des Numides dans l'intention de les soumettre, et les ayant trouvés prêts à se défendre,

---

temps pour les ramasser, et combien d'hommes ne faudrait-il pas occuper à une pareille chasse ! »
1 Remarquez le misérable jeu de mots que Pachès a mis à profit pour commettre cette atrocité. Polyen rapporte une autre perfidie de ce général (liv. III, ch. 2).

leur affirma qu'il était venu dans le seul but de prendre des éléphants, animaux communs dans cette contrée. Ils lui permirent cette chasse, à condition qu'il ne les inquiéterait point ; et quand, sur la foi de sa promesse, leur armée se fut dissoute, il les attaqua et les réduisit sous sa domination.

19 Alcétas, général de Lacédémone, voulant enlever aux Thébains un convoi de vivres, tint sa flotte prête, mais cachée, et se mit à exercer ses rameurs tour à tour sur la même galère, comme s'il n'eût pas eu d'autres navires. Quelque temps après, lorsque les vaisseaux des Thébains passèrent, il s'élança sur eux avec, toute sa flotte, et s'empara du convoi.

20 Ptolémée, ayant en tête Perdiccas, dont l'armée était plus forte que la sienne, attacha du sarment à tous ses bestiaux, pour le leur faire traîner, les mit sous la conduite de quelques cavaliers, et les précéda lui-même avec ses troupes. La poussière soulevée par ces animaux ayant fait croire aux ennemis que Ptolémée était suivi d'une armée nombreuse, ils en prirent l'épouvante et se laissèrent vaincre.

21 Myronide, général athénien, sur le point d'en venir aux mains avec les Thébains, qui lui étaient supérieurs en cavalerie, apprit à ses soldats que dans les combats en plaine on peut sauver sa vie si l'on tient ferme, mais qu'il est très dangereux de lâcher pied. Il leur donna par là de la résolution, et remporta la victoire.

22 L. Pinarius commandait la garnison romaine à Henna, en Sicile, lorsque les clefs des portes, dont il s'était emparé, lui furent redemandées par les magistrats de la ville. Comme il les soupçonnait d'être disposés à embrasser le parti des Carthaginois, il demanda une nuit pour réfléchir ; et, après avoir instruit ses soldats de la perfide intention des Siciliens, il leur ordonna de se tenir prêts pour le lendemain, et d'être attentifs au signal qu'il leur donnerait. Les magistrats s'étant présentés dès le point du jour, il leur promit de rendre les clefs, si tel était le désir unanime des habitants d'Henna. Aussitôt le peuple entier se réunit au théâtre, demanda à grands cris les clefs, et manifesta ainsi la résolution de quitter le parti des Romains. Alors Pinarius donna aux soldats le signal convenu, et tous les habitants furent massacrés.

23 Iphicrate, général athénien, ayant donné à sa flotte l'apparence

de celle des ennemis, se dirigea vers une ville alliée dont la fidélité lui était suspecte. Les démonstrations de joie avec lesquelles il fut accueilli lui ayant dévoilé la perfidie des habitants, il livra la ville au pillage.

24 Tib. Gracchus ayant déclaré que ceux des esclaves volontaires[1] de son armée qui se montreraient braves recevraient leur liberté, et que les lâches seraient mis en croix, quatre mille d'entre eux, qui avaient combattu avec peu d'ardeur, s'étaient réunis sur une colline fortifiée, par crainte du châtiment. Il leur envoya dire que tout le corps des volontaires était victorieux à ses yeux, puisque l'ennemi avait été mis en déroute ; et, après les avoir ainsi affranchis des effets de sa menace[2] et de toute crainte, il les reçut dans le camp.

25 Après la bataille de Thrasymène, qui fut si désastreuse pour les Romains, six mille hommes s'étant rendus à Hannibal par une capitulation, il renvoya généreusement dans leurs villes les alliés latins, en leur disant qu'il ne faisait la guerre que dans le but de rendre la liberté à l'Italie[3] : ce moyen lui valut, par leur intervention, la soumission de quelques peuples.

26 Pendant que Cincius, chef de la flotte romaine, assiégeait Locres, Magon répandit le bruit dans notre camp que Marcellus était tué ; qu'Hannibal arrivait pour faire lever le siège ; et bientôt après des cavaliers, qu'il avait fait sortir secrètement de la place, vinrent se montrer sur les hauteurs qui étaient en vue des remparts. Cet artifice réussit : Cincius, persuadé que c'était Hannibal qui venait, se rembarqua et prit la fuite.

1 *Volons*, esclaves enrôlés comme volontaires. Voyez leur histoire dans Tite-Live (liv. XXII, ch. 67 ; liv. XXIII , ch. 35 ; liv. XXIV, ch. 14 et suiv. ; liv. XXVII, ch. 38 ; et liv. XXVIII, ch. 46).

2 T. Gracchus avait juré au nom de la république, et se trouvait lié par son serment. Voyez le récit de Tite-Live, liv. XXIV, ch. 14 et suiv., surtout le ch. 16.

3 Alexandre s'est souvent annoncé comme libérateur aux nations dont il franchissait les frontières. C'est une ruse de tous les temps. Le général Bonaparte, débarquant en Égypte, adressa aux habitants une proclamation qui commençait par ces paroles :

« Depuis longtemps les beys qui gouvernent l'Égypte insultent à la nation française et couvrent les négociants d'avanies ; l'heure de leur châtiment est arrivée.

« Depuis longtemps ce ramassis d'esclaves, acheté dans le Caucase ou dans la Géorgie, tyrannise la plus belle partie du monde ; mais Dieu, de qui tout dépend, a ordonné que leur empire finît.

« Peuples d'Égypte, on vous dira que je viens pour détruire votre religion ; ne le croyez pas : répondez que je viens restituer vos droits, punir les usurpateurs, et que je respecte, plus que les mameluks, Dieu, son prophète et le Coran. »

138

27 Scipion Émilien, au siège de Numance, plaça des archers et des frondeurs, non seulement dans les intervalles des cohortes, mais encore entre les centuries[1].

28 Pélopidas, général thébain, mis en fuite par les Thessaliens, franchit une rivière à l'aide d'un pont volant, qu'il fit brûler ensuite par son arrière-garde, pour ne pas laisser le même moyen de passage à l'ennemi qui le poursuivait.

29 La cavalerie romaine ne pouvant nullement tenir tête à celle des Campaniens, Q. Névius, centurion de l'armée du proconsul Fulvius Flaccus, imagina de choisir dans toutes les troupes les soldats de petite taille qui paraissaient les plus agiles, de les armer de boucliers courts, de casques légers, d'épées, et de sept javelots longs de quatre pieds environ, de les mettre en croupe derrière les cavaliers, et de les faire avancer jusqu'aux murailles[2], où, mettant pied à terre, ils devaient combattre la cavalerie ennemie. Cette manœuvre fit beaucoup de mal aux Campaniens, surtout à leurs chevaux, qui furent mis en désordre, et notre armée remporta facilement la victoire.

30 P. Scipion, en Lydie, voyant qu'une pluie qui était tombée jour et nuit avait incommodé l'armée d'Antiochus, au point que, non seulement les hommes et les chevaux n'avaient plus de forces, mais encore que les arcs, dont les cordes étaient mouillées, devenaient inutiles, engagea son frère à livrer le combat le lendemain, quoique ce fût un jour néfaste. La victoire fut le résultat de cet avis[3].

1 Le rôle des vélites, des archers et frondeurs, en un mot, des fantassins armés à la légère, était principalement d'engager le combat. Ils escarmouchaient en avant et sur les flancs de la légion ; et, quand ils étaient forcés de plier, ils se retiraient dans les intervalles que présentaient les cohortes, les manipules, et même les centuries, comme le dit ici Frontin.

2 Sous les murs mêmes de Capoue. Voyez le récit plus étendu de Tite-Live, liv. XXVI, ch. 4 ; et Valère Maxime, liv. II , ch. 3, § 3.

On a essayé plusieurs fois dans les temps modernes, notamment en 1802, au camp de Boulogne, de renouveler cet usage, en exerçant des voltigeurs à sauter en croupe derrière les cavaliers : mais on a dû y renoncer, parce que les essais réitérés n'ont fait espérer aucun succès.

3 Ce combat eut lieu près de Thyatire, en Lydie : Tite-Live en fait une longue description ; mais, d'après cet historien, P. Scipion était alors malade à Élée, et ne pouvait, par conséquent, donner à son frère le conseil dont parle Frontin. Voyez liv. XXXVII, ch. 37 et suiv., surtout le ch. 41, qui contient une description des chars à faux de l'armée d'Antiochus. Appien (de Rébus Syr., c. XXIX et sqq.) fait une narration très circonstanciée de cette bataille.

31 Pendant que Caton ravageait l'Espagne, une députation des Ilergètes, peuple allié des Romains, vint lui demander du secours. Ne voulant ni les mécontenter par un refus, ni affaiblir ses forces en les divisant, il ordonna au tiers de ses soldats de prendre des vivres et de s'embarquer, mais avec la recommandation expresse de revenir sur leurs pas, en prétextant que les vents étaient contraires. Pendant ce temps, la nouvelle que du secours arrivait rendit le courage aux Ilergètes, et renversa les projets de leurs ennemis.

32 C. César, voyant qu'il y avait dans l'armée de Pompée un grand nombre de chevaliers romains qui, par leur habileté à manier les armes, lui tuaient beaucoup de monde, ordonna à ses troupes de leur porter des coups d'épée au visage et dans les yeux. Il réussit par ce moyen à leur faire prendre la fuite.

33 Les Vaccéens, pressés dans un combat par Sempronius Gracchus, formèrent autour d'eux une enceinte de chariots, dans lesquels ils placèrent leurs meilleurs soldats habillés en femmes. Sempronius, croyant n'avoir affaire qu'à des femmes, s'avança témérairement pour les envelopper ; mais ceux qui étaient sur les chariots reprirent l'offensive, et mirent ses troupes en fuite.

34 Eumène, de Cardie, un des successeurs d'Alexandre, étant assiégé dans un château où il ne pouvait exercer ses chevaux, avait soin, chaque jour, et aux mêmes heures, de les suspendre de telle manière, que, appuyés sur leurs pieds de derrière, et ayant en l'air ceux de devant, ils s'agitaient violemment en tout sens, et se mettaient en sueur pour reprendre leur position naturelle.

35 M. Caton, à qui des barbares s'engageaient à fournir des guides, et même des renforts, pourvu qu'on leur donnât une somme considérable, n'hésita point à la promettre, parce que, s'ils étaient vainqueurs, il pouvait les payer avec le butin fait sur l'ennemi, et que, s'ils périssaient dans le combat, il était dégagé de sa promesse.

36 Statilius, cavalier recommandable par ses services, se disposant à passer du côté de l'ennemi, Q. Fabius Maximus le fit appeler, et, après lui avoir dit, par forme d'excuse, que la jalousie de ses camarades lui avait laissé jusqu'alors ignorer son mérite, lui fit présent d'un cheval et d'une somme d'argent. Cet homme, que le sentiment de ses torts avait amené tremblant, sortit plein de joie ; et, de chancelant, il devint dès lors aussi fidèle qu'il était brave.

LIVRE QUATRIÈME

37 Philippe, ayant appris qu'un certain Pythias, excellent guerrier, était devenu son ennemi, parce que, dans sa pauvreté, ayant peine à nourrir ses trois filles, il ne recevait de ce roi aucun subside, répondit à ceux qui lui conseillaient de se défaire de cet homme : « Quoi ! si un de mes membres était malade, le couperais-je plutôt que de le guérir ? » Ensuite il fit venir secrètement ce Pythias, le reçut avec bonté ; et, après lui avoir fait exposer l'état malheureux de ses affaires, il lui donna de l'argent, et le rendit par là plus fidèle et plus dévoué qu'il n'était avant qu'il eût à se plaindre.

38 Après le malheureux combat contre les Carthaginois, où Marcellus perdit la vie, T. Quinctius Crispinus, ayant appris que l'anneau de son collègue était entre les mains d'Hannibal, informa toutes les villes d'Italie qu'elles avaient à se défier des lettres qu'elles recevraient sous le sceau de Marcellus. Cette précaution fit échouer les tentatives d'Hannibal à Salapie et dans d'autres villes.

39 Après le désastre de Cannes, le courage des Romains était tellement abattu, qu'une grande partie des débris de l'armée, entraînée par plusieurs citoyens des premières familles, formait la résolution de quitter l'Italie. F. Scipion, encore très jeune, accourut, et, dans l'assemblée même où l'on délibérait, déclara qu'il allait tuer de sa propre main quiconque ne jurerait pas de ne point abandonner la république. Après avoir lui-même prononcé le serment, il tira son épée, menaça d'immoler un de ceux qui étaient le plus près de lui, s'il n'en faisait autant, et força celui-ci par la crainte, les autres par l'exemple, à prendre le même engagement.

40 Les Volsques étant campés dans un lieu environné de broussailles et de bois, Camille incendia tout ce qui pouvait porter la flamme jusqu'à leurs retranchements, et les obligea ainsi d'abandonner le camp.

41 Pendant la guerre Sociale, P. Crassus fut surpris de la même manière avec toute son armée.

42 En Espagne, Q. Metellus étant sur le point de lever son camp, et ses soldats se tenant renfermés dans l'intérieur des retranchements, Hermocrate profita de leur inaction pour ne les faire attaquer que le lendemain par ses troupes, alors plus capables de <u>combattre, et ter</u>mina ainsi la guerre[1].

1 Il y a évidemment une lacune en cet endroit : d'abord, la phrase ainsi construite n'est pas latine, les mots *Metellus* et *Hermocrates* s'excluant comme sujets de l'unique

43. Miltiade, ayant défait à Marathon une multitude innombrable de Perses, et voyant que les soldats athéniens perdaient le temps à recevoir des félicitations, les fit marcher à la hâte au secours de leur ville, vers laquelle se dirigeait la flotte ennemie. Quand il y fut accouru, et qu'il eut garni les murs de défenseurs, les Perses, croyant que le nombre des Athéniens était considérable, et que l'armée qui avait combattu à Marathon était différente de celle qu'on voyait sur les remparts, revirèrent de bord sur-le-champ et regagnèrent l'Asie.

44 Pisistrate, général athénien, ayant pris la flotte des Mégariens, qui avait débarqué près d'Éleusis, pendant la nuit, pour enlever des femmes d'Athènes occupées à célébrer les fêtes de Cérès, vengea ses concitoyens par un grand massacre des ennemis, et remplit de soldats athéniens les vaisseaux capturés, sur lesquels il mit en vue quelques femmes qui semblaient être des captives. Les Mégariens, trompés par cette apparence, et persuadés que leurs compagnons revenaient avec le fruit de leur entreprise, s'avancèrent à leur rencontre en désordre et sans armes, et furent eux-mêmes taillés en pièces.

45 Cimon, général athénien, ayant battu la flotte des Perses près de l'île de Chypre, revêtit ses soldats des dépouilles des prisonniers ; et, avec les vaisseaux mêmes des barbares, il fit voile pour la Pamphylie, et aborda près du fleuve Eurymédon. Les Perses, reconnaissant leurs navires et le costume de ceux qui les montaient, ne se méfièrent de rien ; mais, soudainement attaqués par Cimon, ils furent ainsi défaits le même jour sur terre et sur mer.

---

verbe *confecit*. Ensuite, comment expliquer historiquement cette rencontre de Metellus et d'Hermocrate ? Selon toute apparence, il y a ici deux fragments de deux récits différents : c'est par respect pour les meilleures éditions que je ne les ai pas séparés.

LIVRE QUATRIÈME

ISBN : 978-1530721160

www.ingramcontent.com/pod-product-compliance
Lightning Source LLC
Chambersburg PA
CBHW071837200526
45169CB00020B/1703